POESIES DIVERSES.

DEDIE'ES
A MONSEIGNEVR LE DVC
DE RICHELIEV,

PAR Mr DE SCVDERY,
Gouuerneur de Noſtre Dame de la Garde.

A PARIS,
Chez AVGVSTIN COVRBE', dans la petite Salle du Palais, à la Palme.

M. DC. XLIX.
AVEC PRIVILEGE DV ROY.

A MONSEIGNEVR
LE DVC DE
RICHELIEV.

ONSEIGNEVR,

Les vieux Capitaines de Philipe de Macedoine pleuroient de ioye, en considerant la gloire du ieune Alexandre: & les anciens Seruiteurs du Grand Cardinal de Riche-

ã ij

lieu voſtre Oncle, ont à peu prés la meſme tendreſſe, lors qu'ils regardent la voſtre. La generoſité de vos premieres actions, leur fait eſperer qu'ils reuerront vn iour en vous les merueilles des ſiennes: & que vous ſoutiendrez dignement le Grand Nom que vous auez pris. Mais entre ceux qui portent cette glorieuſe qualité dont ie vous parle, ie penſe auoir eſté le premier qui vous ait predit cette haute reputation que vous auez acquiſe, dans vos premieres Campagnes: & ie ſuis raui Monſeigneur, de ce que vous faites voir ſi clairement, la verité de ma Prophetie. Il y a eu meſme cela de particulier, en voſtre illuſtre commencement, que tous les Braues n'ont iamais acquis d'honneur, qu'apres auoir eſté à la guerre: & que vous vous en eſtes couuert, auant meſme que d'y aller, par la genereuſe façon dont vous y fustes la premiere fois. Achille estoit comme vous parmi des Dames, auant que d'aller au fameux Siege de Troye: & parmi des Dames qui n'auoient ni le rare merite, ni l'extraordinaire vertu de l'excellente & illustre Personne que vous quittastes, pour vous aller embarquer. Cependant Monseigneur, il ne vous falut point d'Vlisse pour vous solliciter à cette belle entreprise: & sans qu'il fust besoin de vous exciter comme Achille, par les Armes qu'on luy presenta; vostre propre generosité vous fit faire, ce que ce ieune Heros ne fit que par l'adresse ingenieuse du Prince d'Itaque: & vous vous exposastes mesme à desplaire à la Personne du monde que vous honnorez le plus, & que vous deuez le plus honnorer, pour suiure le hardi mouuement de vostre Grand cœur. Elle en fut sans doute faschée, parce qu'elle vous aime : mais elle en fut sans doute apres bien aise, par la mesme raison. En effet Monseigneur, ces belles fleurs ont eu de beaux fruits; & cette grande esperance n'a point esté trompeuse, puis qu'elle a esté suiuie par tant de Grandes actions. Vous auez presques fait voir que la Fable d'Herculle pourroit estre vne Histoire, & que les Heros peuuent estoufer des Serpents dans le Berçeau : puis qu'en vn âge où vostre main auoit à peine la force de soutenir vne Espée, l'on a veû fuir deuant la vostre, la plus superbe, la plus fiere, & la plus orgueilleuse Nation de tout l'Vniuers : leur Admiral se faire laschement remorquer deuant vous, iusques sous les Tours d'vne Forteresse, pour s'empescher d'estre pris : ses Galeres se cacher en suite honteusement dans vn Port en presence des vostres : y estre longtemps comme assiegées ; & refuser laschement le glorieux Cartel de deffi que vous leur enuoyastes porter. Ouy Monseigneur, i'ay sçeu par ceux à qui i'ay porté enuie, pour auoir esté les tesmoins de vostre valeur : que le feu ni l'eau ; que la guerre ni les tempestes, n'ont rien eu d'assez effroyable pour ébranler la fermeté de vostre courage : & que vous auez paru d'vn visage asseuré, & d'vne ame intrepide, au milieu de ce que l'vne & l'autre ont de plus affreux. La Mer a esté le vaste Theatre de vostre gloire : la fameuse Ville de Naples en a esté le tesmoin : & l'espoisseur obscure de la fumée des Canons, n'a fait qu'en augmenter l'esclat, & que la rendre plus brillante. Iugez donc Monseigneur, quelle doit estre ma satisfaction : moy dis-ie, qui suis inseparablement attaché à vos interests : & qui apres auoir eû pour Maistre le Grand Richelieu, suis trop glorieux pour en auoir iamais qui ne porte le mesme Nom. Elle est telle, Monseigneur, cette satisfaction, que toute la force de mes expressions estant trop foible pour la bien representer ; i'ay creû que ie vous la ferois mieux comprendre, en vous faisant seulement voir quel a tousiours esté mon zele, pour ce Diuin & miraculeux Heros : & que vous le pourriez iuger par ce Volume; qui aussi bien que la plus part des vingt huit autres que le public a veû de moy, est tout plein des loüanges de ce Grand Homme. C'est par là, Monseigneur, que ie suis assuré que vous y trouuerez quelque chose qui ne vous desplaira pas : & ce n'est que par là seulement, que i'ay la hardiesse de vous l'offrir. Receuez le donc, Monseigneur,

comme

comme vne simple marque de ma passion à voſtre seruice : & croyez, s'il vous plaiſt, que si vos commandemens me donnent vn iour quelque employ plus conforme à ma Profession, ie feray voir plus vtilement pour vous, & plus glorieusement pour moy, que ie suis,

MONSEIGNEVR,

Voſtre tres humble, tres obeïſſant,
& tres paſſionné ſeruiteur,
DE SCVDERY.

ē

AV LECTEVR.

COMME vne partie de ce Volume est de Vers d'amour, ie me crois obligé de vous aduertir que vous le lisiez si vous en voulez voir de moy de cette espece: car à mon aduis ce sera le dernier que l'on en verra. I'ay appris du Grand Malherbe, qu'il n'y a point d'apparence d'entretenir le monde

Des ridiculles auantures,
    D'vn Amoureux à cheueux gris.

Ce n'est pas que i'aye encore besoin de beaucoup de poudre pour cacher la blancheur des miens, ni que ma vieillesse soit décrepite: mais enfin i'ay quarante huit ans, & ma premiere Maistresse n'est plus belle. Ces deux choses me disent tacitement, que la galanterie ne doit plus estre à mon vsage: & que si ie n'ay pas la force de resister absolument à cette passion, ie dois du moins doresnauant cacher ma foiblesse. Ainsi Lecteur, voicy les dernieres flames, ie n'ose encore dire dont ie brusleray, mais dont vous me verrez brusler. Ie souhaite qu'elles soient

ē ij

comme celles d'vn flambeau qui s'esteint, qui ordinairement sont les plus claires: & que vous trouuiez dans ces Vers que ie vous presente, autant de feu qu'il y en auoit dans mon ame quand ie les ay composez. Que si vous remarquez au premier Sonnet de ce Volume, & en quelques autres, que le huictiesme Vers estant masculin, le neufiesme l'est encore: souuenez vous qu'il y en a dans tous les Poëtes qui ont eu de la reputation qui sont faits ainsi: & que depuis Ronsard iusques à moy, ie vous en puis fournir des exemples. Ie vous dis la mesme chose de quelques autres Sonnets, où la rime des quatre premiers Vers est d'vne couleur, & celle des quatre qui les suiuent d'vne autre: car Ronsard, Du Bellay, Des Portes, Du Perron, Bertaut, Malherbe, Theophile, & Mainard, ont manqué les premiers si i'ay manqué, & ie ne l'ay fait qu'apres le leur auoir veû faire. Voila, Lecteur, tout ce que i'ay à vous dire en prose de mes Vers: ne voulant preuenir vostre iugement, ni par vne loüange orgueilleuse, ni par vne humilité affectée.

TABLE DES DIVERSES POESIES DE CE VOLVME.

Escription de la fameuse Fontaine de Vaucluse, en douze Sonnets. Sonnet I.   Page 1
Sonnet II.   page 2
Sonnet III.   page 3
Sonnet IV.   page 4
Sonnet V.   page 5
Sonnet VI.   page 6
Sonnet VII.   page 7
Sonnet VIII.   page 8
Sonnet IX.   page 9
Sonnet X.   page 10
Sonnet XI.   page 11
Sonnet XII.   page 12
Sonnet. La belle Pescheuse.   page 13
Sonnet. Philis dans vne Calege.   page 14
Sonnet. La Nimphe endormie.   page 15
Sonnet. Philis dans le Bain.   page 16
Sonnet. Sur vn Miroir.   page 17
Sonnet. Sur vn Portraict.   page 18
Sonnet. Sur vne Monstre.   page 19

é iij

TABLE

Sonnet. Philis dance la Sarabande. page 20
Sonnet. Pour vne Dame malade. page 21
Sonnet. Sur vn Adieu. page 22
Sonnet. A vne Dame irritée. page 23
Sonnet. Sur vn Despit. page 24
Sonnet. L'Esclaue qui reprend ses fers. page 25
Sonnet. Sur vne ialousie. page 26
Sonnet. Sur vn Songe. page 27
Sonnet. L'Oyseau qui s'en-volle. page 28
Sonnet. L'Indifferente. page 29
Sonnet. L'Incredulle. page 30
Sonnet. La Belle affligée. page 31
Sonnet. Pour vne Dame qui estoit parmi des rochers. p. 32
Sonnet. Pour vne Dame qui pleuroit à force de rire. p. 33
Sonnet. Sur vn Orage. page 34
Sonnet. Les yeux noirs, & les yeux bleus. page 35
Sonnet. Pour vne Dame qui escriuoit. page 36
Sonnet. Pour vne Dame qui filoit. page 37
Sonnet. Le Printemps. page 38
Sonnet. L'Esté. page 39
Sonnet. L'Automne. page 40
Sonnet. L'Hiuer. page 41
Sonnet. La Beauté fiere. page 42
Sonnet. Le mauuais choix. page 43
Sonnet. Les Amours en guerre. page 44
Sonnet. L'Amant ambitieux. page 45
Sonnet. La Nimphe qui chasse. page 46
Sonnet. Sur vne absence. page 47
Sonnet. Sur vn Retour. page 48

DES POESIES.

Sonnet. Contre vn Ialoux. page 49
Sonnet. Contre vn Mari boiteux. page 50
Sonnet. Sur la bonne Auanture. page 51
Sonnet. Pour vne Infidelle. page 52
Sonnet. Pour la mefme Inconftante. page 53
Sonnet. Angelique chantant. page 54
Sonnet. Deux Sœurs peintes en mefme Tableau. page 55
Sonnet. L'Amour Enfant parmi de petites Filles. page 56
Sonnet. La gaye & la melancolique. page 57
Sonnet. Contre vne Femme qui parle trop. page 58
Sonnet. La belle Egiptienne. page 59
Sonnet. La belle Aueugle. page 60
Sonnet. Sur la mort d'vne Dame. page 61
Sonnet. Sur le mefme fuiet, en Epitaphe. page 62
Sonnet. Sur le mefme fuiet. page 63
Sonnet. Le Triomphe des Mufes, en faueur de la Peinture & de la Sculpture, pour l'Academie Royalle des Peintres. page 64
Sonnet. En faueur d'vn excellent Peintre. page 65
Sonnet. A Monfieur Valdor, fur fon Liure du feu Roy. page 66
Sonnet. Contre vn Auare. page 67
Sonnet. Contre vn Ignorant. page 68
Sonnet. Contre vn Médifant. page 69
Sonnet. Contre vn Poëte. page 70
Sonnet. Sur la Mort d'vn Braue. page 71
Sonnet. Au Roy. page 72
Sonnet. A la Reine. page 73
Sonnet. A la Reine, fur l'infcription remife au Palais Cardinal. page 74

TABLE

Sonnet. L'Ombre du Duc d'Anguyen, à Monseigneur le Prince. page 75

Sonnet. Pour sa mesme Altesse, sur la Grenade qui luy brûla le visage deuant Mardic. page 76

Sonnet. A mon dit Seigneur. page 77

Sonnet. Au Grand Cardinal de Richelieu, fait en l'an 1638. page 78.

Sonnet. A mon dit Seigneur peu auant sa mort. page 79

Sonnet. Aux Grands. page 80

Sonnet. Aux mesmes. page 81

Sonnet. Aux mesmes. page 82

Sonnet. Pour Monsieur le Chancelier. page 83

Sonnet. La Gloire, à Monsieur le Duc de Richelieu. page 84

Sonnet. Au mesme, sur son Combat naual. page 85

Sonnet. Pour Madame d'Auaugour, sur son Mariage. page 86.

Sonnet. A Mademoiselle de Rambouillet, sur sa Peinture. page 87

Sonnet. A Mademoiselle de Clermont d'Antragues. p. 88

Sonnet. Pour la mesme, Apollon Berger. page 89

Sonnet. Pour feu Monsieur le Marquis de Pisani. page 90

Sonnet. Sur la mort de Madame des Loges. page 91

Sonnet. A deux celebres Autheurs, sur la mort de Madame d'Harambures. page 92

Sonnet. A Mademoiselle de Scudery. page 93

Sonnet. Sur la mort du Grand Cardinal de Richelieu. p. 94

Sonnet. Sur le mesme suiet. page 95

Sonnet. Le dégoust du Monde. page 96

Sonnet.

DES POESIES.

Sonnet. Contre la Grandeur Mondaine. page 97
Sonnet. Sur le mesme suiet. page 98
Sonnet. Sur le mesme suiet. page 99
Sonnet. A la France. page 100
Sonnet. Fait à la Ste Baume, pour Ste Magdelaine. page 101
Ode sur l'immaculée Conception de la Vierge. page 102
Ode à Madame la Comtesse d'Harcourt, faite à vn premier iour de l'An, pour vn Ami de l'Autheur. page 105
Les Muses. Ode à Monsieur l'Abbé de Richelieu. page 112
Ode sur vn beau iour. page 153
Ode sur Dom Ioseph de Illescas, pretendú Enuoyé de l'Archiduc Leopold. page 156
Ode sur le Virgile trauesty. page 164
Ode à l'illustre Maistre Adam. page 168
Ode contre la Fortune. page 171
L'Ombre du Grand Armand. page 174
Le Grand Exemple, à Monseigneur le Duc de Richelieu. page 183
Nostre Dame de la Garde, Poëme composé dans cette Place. page 200
Vers à Monsieur de Rampalle, pour Madame la Comtesse de Tournon, à present Madame la Vidame. page 213
Description de la belle maison de Monsieur de Balzac. page 218
Inuitation aux Poëtes, en faueur de feu Monsieur Mascaron. page 224
Tombeau d'vne Dame Mariée, où son Mari parle. page 227
Elegie pour vne Dame cruelle. page 228
Elegie à vne Dame. page 233

TABLE

Epiſtre à vne Dame, luy enuoyant vn excellent Peintre.
   page 238
Epiſtre à Thirſis.   page 241
Epiſtre à Doris.   page 247
Stances, Neptune à la Nimphe de Seine, pour Madame la Marquiſe de Ramboüillet.   page 257
Stances pour vne grande Dame.   page 263
Stances, à vn grand Seigneur priſonnier.   page 265
Stances en faueur d'vne Dame.   page 267
Stances pour vn grand Seigneur liberal.   page 269
Stances pour feu Monſeigneur le Cardinal Duc, faites au voyage de Piémont.   page 271
Stances pour feu mondit Seigneur, à ſon retour de Perpignan, l'Autheur eſtant malade.   page 275
Stances à vne Dame cruelle.   page 279
Stances pour vne Dame qui ſe pleignoit que l'Autheur ne la voyoit pas aſſez ſouuent.   page 281
Stances, ſur vne Tragi-Comedie.   page 282
Stances à vn Amy.   page 284
Stances à Monſieur Triſtan, ſur ſon Orphée.   page 288
Stances ſur l'amour du Roy.   page 289
Stances pour vne Dame cruelle qui vint à aimer. page 290
Stances pour vne Dame.   page 291
Stances ſur la mort d'vne Dame.   page 292
Stances ſur vne amour nouuelle.   page 293
Madrigal ſur du lait caillé promis à des Dames, par vn Cheualier.   page 294
La Muſe Guerriere.   page 295
Raillerie ſur vn Tableau.   page 304

DES POESIES.

Epigramme sur vn Tableau où deux Apostres sont Martyrisez. page 307
Epigramme sur vn Buste du feu Roy, placé sur vne Arcade. page 308
Epigramme pour Madame la Princesse la Doüairiere, sur la mort de Monsieur son Mary. page 308
Epigramme sur le mesme suiet. page 309
Epigramme sur le mesme suiet. page 309
Epigramme sur le mesme suiet. page 310
Epigramme sur le mesme suiet. page 310
Epigramme pour Monsieur le Prince, sur la prise de Dunquerque. page 311
Epigramme pour son Altesse. page 312
Epigramme pour le Grand Cardinal de Richelieu. page 312
Epigramme pour vne belle Dame qui apprend la Sphere. page 313
Epigramme sur le mesme suiet. page 313
Epigramme sur le mesme suiet. page 314
Epigramme sur le mesme suiet. page 314
Epigramme sur le mesme suiet. page 315
Epigramme sur le mesme suiet. page 315
Epigramme sur vn Dauphin petrifié. page 316
Epigramme sur la mort du genereux Tancrede. page 317
Epigramme sur vn Buste de Neron, fait de Porphire. p. 318
Epigramme sur vn Tableau de l'Enfant prodigue. page 319
Epigramme à Mademoiselle du Val, dont l'Imprimeur à oublié de mettre le nom à l'Epistre à Doris. page 319
Epigramme à Mademoiselle Pascal, representant Cassan-

TABLE DES POESIES.

dre dans vne Tragedie de l'Autheur.   page 320
Epigramme contre vne Infidelle.   page 321
Epigramme sur vn Rendez vous.   page 322
Epigramme sur l'Epitaphe qu'vn Iuge cruel fit d'vn Partisan.   page 322
Epigramme à vn Imprimeur.   page 323
Epigramme sur la Beauté d'vne Dame.   page 324
Epigramme sur vn Bouquet.   page 324
Epigramme pour vne excellente Beauté que l'on n'ose aimer.   page 325
Epigramme à vne Dame qui demandoit la Mithologie, & dont le Page ne pouuoit nommer ce Liure.   page 326
Rondeau en vieux François.   page 327
Rondeau.   page 328

FIN.

EXTRAIT DV PRIVILEGE DV ROY.

PAr Grace & Priuilege du Roy, donné à Paris le 26. Iuillet 1649. Il est permis à Augustin Courbé Marchand Libraire, d'imprimer, vendre & debiter, vn Liure intitulé, *Diuerses Poësies du sieur de Scudery, Gouuerneur de Nostre Dame de la Garde*, & ce durant le temps de Sept ans; à compter du iour que ledit Liure sera acheué d'imprimer pour la premiere fois : Auec deffences à toutes personnes de quelque qualité & condition qu'elles soient d'en imprimer, vendre, ny debiter pendant ledit temps, d'autre impression que de celle de l'Exposant. A peine de quinze cens liures d'amende, de confiscation des Exemplaires, & de tous despens, dommages & interests; ainsi qu'il est plus au long porté par lesdites Lettres de Priuilege. Signé, Par le Roy en son Conseil, CONRART. Et scellé du grand Sceau de cire iaune sur simple queuë.

Acheué d'imprimer pour la premiere fois le 14. Aoust 1649.
Les Exemplaires ont esté fournis, ainsi qu'il est porté par ledit Priuilege.

DESCRIPTION DE LA FAMEVSE FONTAINE DE VAVCLVSE,

En douze Sonnets.

SONNET I.

Affreux & grands Rochers, Antres sombres & frais,
Arbres qui iusqu'au Ciel allez porter vos cimes;
Vallons delicieux; agreables abismes;
Que l'Amour amoureux n'abandonne iamais.

Icy regnent tousiours le silence & la paix;
Rien n'y trouble du Ciel les ordres legitimes;
La Nature a paré ces Theatres sublimes,
Où la Nimphe de Sorgue a basti son Palais.

Vn liquide Cristal, vn bel argent fondu,
Parmi la mousse verte, est par tout respandu,
Et parmi les cailloux, ses flots se precipitent:

Ie les entens gronder; ie les voy bondissans;
Et ces superbes lieux où les Nimphes habitent,
Ont enchanté mon ame, & raui tous mes sens.

A

SONNET II.

Mille, & mille boüillons, l'vn sur l'autre poussez,
Tombent en tournoyant, au fond de la vallée;
Et l'on ne peut trop voir la beauté signalée,
Des torrents eternels, par les Nimphes versez.

Mille, & mille surgeons, & fiers, & courroussez,
Font voir de la colere à leur beauté meslée;
Ils s'eslancent en l'air, de leur source gelée,
Et retombent apres, l'vn sur l'autre entassez.

Icy l'eau paroist verte, icy grosse d'escume,
Elle imite la neige, ou le Cigne en sa plume;
Icy comme le Ciel, elle est toute d'azur:

Icy le vert, le blanc, & le bleu se confondent;
Icy les bois sont peints dans vn Cristal si pur;
Icy l'onde murmure, & les rochers respondent.

SONNET
III.

Ais encor qu'en tumulte, & d'vn cours diligent,
Ces ruisseaux orgueilleux precipitent leur onde;
Dans le fond d'vne Grotte, vn grãd Miroir d'argent,
Offre sa belle Glace, aux yeux de tout le monde.

La Source inespuisable, en sa tranquilité,
Aux changemens du temps, ne change point de face:
Elle est tousiours paisible, & dans sa pureté,
Rien n'altere iamais, la splendeur de sa Glace.

Sur vn lit de gazon, cette Nayade dort;
Pendant que ces ruisseaux, auec vn grand effort,
Meslent confusément, les cailloux & les herbes:

Elle ne s'émeut point; ils sont tousiours émus;
Ils courent; elle est fixe; & mon esprit confus,
Voit la Mere paisible, & les Enfans superbes.

SONNET

IIII.

LE Serpent de Cristal, qui trauerse la Plaine;
Qui porte la richesse en plus d'vne Maison;
Estonne mon esprit, & suspend ma raison;
Et son cours incertain, rend mon ame incertaine.

La Nimphe, de son Vrne, & grande, & tousiours pleine,
(Elle dont l'abondance est sans comparaison;)
Verse à tous les momens, comme en toute saison,
Les riches flots d'argent, de l'illustre Fontaine.

Les Fleuues les plus fiers, en leur commencement,
Parmi l'herbe des Prez, errent confusément;
A peine les voit-on, en leur course premiere:

Ils leuent des tributs, en mille, & mille lieux;
Mais (ô merueille estrange, & qui charme les yeux,)
Elle est en mesme temps, & Fontaine, & Riuiere.

DV Sr DE SCVDERY.

SONNET

V.

Vsques dans son Bassin, bondissent les Poissons;
Iusqu'au bord de la Grotte, vne foule nombreuse,
Paroist, & disparoist; & reparoist, peureuse;
Plonge, & replonge encor, en cent mille façons.

Icy leur innocence, est prise aux hameçons,
Que iette des Pescheurs, la main industrieuse:
Icy de ces Pescheurs, la Bande bien-heureuse,
Fait retentir ces Monts, de rustiques Chançons.

L'vn au coing d'vn rocher, paroist vne Statuë;
Immobile tousiours, quand le poisson remuë;
Mais enfin haut en l'air, il le tire de l'eau:

L'autre dessus le bord de cette large Coupe,
De dangereux filets, embarrasse la Troupe,
La prend, & nous rauit par vn obiet si beau.

SONNET VI.

Quelles superbes Tours, se mirent dans ces eaux?
Quel grād & vieux Chasteau, s'éleue iusqu'aux nuës;
Et semble couronner ces Montagnes chenuës,
De ces fameux débris, aussi riches que beaux?

Là, ce pan de Muraille, est presque sans creneaux;
Icy l'on voit ramper, l'hierre aux feüilles menuës;
Et du Temps immortel, les forces trop connuës,
Respectent toutefois, ces precieux lambeaux.

Ha ie les reconnois! sans doute ie remarque,
Le Chasteau qu'habitoit l'Amante de Petrarque,
Ie voy de son Amant, la fameuse Maison:

Petrarque, belle Laure, admirable Vaucluse,
Qui sçait faire des vers, & qui vous en refuse,
S'il n'est pas sans esprit, est au moins sans raison.

SONNET

VII.

Es ombres, les rochers, & les bois d'alentour,
Les prez, & les vallons, & l'illustre Fontaine,
Semblent parler encor, de l'agreable peine,
Qui les fit soupirer, & la nuit, & le iour.

Ouy, tout semble nous dire en ce charmant seiour,
Que Laure fut modeste, & non pas inhumaine:
Et que Petrarque aimant sa beauté souueraine,
Fit voir que la Vertu, peut estre auec l'Amour.

Mille innocens Bergers, racontent cette histoire;
De ces heureux Amans, conseruent la memoire;
Et monstrent iusqu'aux lieux où l'on les vit assoir:

Tous parlent de Petrarque, & de sa chere Amante;
Et dessus les deux bords de cette onde charmante,
On les entend nommer, du matin iusqu'au soir.

SONNET VIII.

Es vents, mesme les vents, qu'on entend respirer,
Et parmi ces rochers, & parmi ces ombrages,
Eux qui me font aimer, ces aimables riuages,
Ont appris de Petrarque à si bien soupirer.

Les flots, mesme les flots, qu'on entend murmurer,
Auec tant de douceur, dans des lieux si sauuages,
Imitent vne voix, qui charmoit les courages,
Et parlent d'vn Obiet, qu'on luy vit adorer.

Au lieu mesme où ie suis, mille innocens oyseaux,
Nous redisent encor, prés de ces claires eaux,
Ce que Laure disoit, à son Amant fidelle:

Icy tout n'est que flame; icy tout n'est qu'amour;
Tout nous parle de luy; tout nous entretient d'elle;
Et leur ombre erre encor, en ce charmant seiour.

SONNET

IX.

IL me semble la voir, cette chaste Beauté,
Telle qu'au bord du Rhosne elle est en sa peinture,
C'est à dire un prodige, un miracle en Nature,
Rare en ses qualitez, comme en sa nouueauté.

Sans doute ie le voy, cét Amant si vanté,
Luy qui se plaint du Ciel, en sa triste auanture ;
Luy qui suit de sa Laure, & l'ombre & la figure,
Accusant son destin, de trop de cruauté.

Ces bien-heureux Esprits, tous purs comme les Dieux,
Mesme apres leur trespas, n'ont pû quitter ces lieux,
Qui pendant qu'ils viuoient, enchanterent leur ame:

Ils errent sur ces bords ; ils vont parmi ces Bois;
Et r'apellant encor, ce qui fut autrefois,
Ils conseruent tous morts, vne viuante flame.

SONNET X.

HElas quelle douleur, sentit ce pauure Amant,
Quand sa Laure sentit l'attainte de la Parque!
Quel fut le desespoir du mal-heureux Petrarque,
Quand la mort eut raui son immortel Aimant!

Il auroit attendri des cœurs de Diamant,
Et fléchi la rigueur de l'infernal Monarque:
Et si l'on repassoit dans la fatale Barque,
L'Enfer auroit rendu cét Obiet si charmant.

Iamais Cigne mourant, n'eut la voix si plaintiue;
Lors que du clair Meandre on l'entend sur la riue,
Finir sa belle vie en des accens si doux:

Ces rochers en pleuroient; ils en pleurent encore;
Ils ne font ces ruisseaux, que pour la mort de Laure,
Et les pleurs de Petrarque arriuent iusqu'à nous.

SONNET XI.

Trois Siecles tous entiers, ont gardé la memoire,
Du funeste accident, qui le fit soupirer :
Trois Siecles tous entiers, ont espargné la gloire,
De l'adorable Objet, qu'on luy vit adorer.

Sa Plume eternisa la lamentable histoire,
De cét Astre brillant, qu'on vit trop peu durer :
Et la suite des temps, n'a point d'ombre assez noire,
Pour obscurcir l'esclat, qu'il luy fit esperer.

Ce fameux Escriuain, cét Amant miserable,
Voulut quand il perdit cette Nimphe adorable,
Faire durer sa plainte, autant que l'Vniuers :

La Fable de Pollux, en Histoire changée,
Son immortalité se vit lors partagée,
Et Laure partagea le destin de ses Vers.

POESIES DIVERSES

SONNET XII.

Beaux lieux consacrez par la plume immortelle,
De ce Cigne immortel, qui volla sur vos bords;
Puisse malgré le Temps, & tous ses vains efforts,
Vostre gloire estre extréme, & durer tousiours telle.

Puisse de cette amour, aussi chaste que belle,
Se conserver chez vous, les aimables thresors;
Puisse le haut renom de ces illustres Morts,
Rendre enfin comme luy, vostre gloire eternelle.

Puissent tomber sur vous, & la Manne, & le Miel;
Puissent pleuvoir sur vous, mille graces du Ciel;
Et les fleurs, & les fruits, confusément s'y ioindre:

Puissent de temps en temps, cent fameux Escrivains,
Par les doctes labeurs de leurs sçavantes mains,
Chanter vostre Grandeur, & que ie sois le moindre.

SONNET.

La belle Pescheuse.

LA manche retroussée, & le bras demy nu,
(Mais vn bras aussi blãc que la plume d'vn Cigne)
Ma diuine Philis sur ce bord si connu,
Iette aux poissons trompez, & l'apast, & la ligne.

Du haut de ce rocher, & scabreux, & cornu,
Cette ieune Nayade, en merueilles insigne,
Fait mordre l'hameçon à ce peuple menu,
Et luy donne vn destin, dont il est fort peu digne.

Ses regards dans les flots, font mille ambitieux,
Qui suiuent moins l'apast, que l'esclat de ses yeux,
Et qui prests de mourir, en bondissent de ioye:

Orgueilleuse Beauté, dont ie sens le mépris,
Ta pesche est preferable à la plus belle proye,
Car parmi tes poissons, cent cœurs se trouuent pris.

SONNET.

Philis dans vne Calege.

LE Char qui vient à nous, est le Char de l'Aurore,
Il est riche & pompeux, & brillant de clarté ;
Mais malgré tout l'éclat d'vne Diuinité,
La Nimphe que ie voy, paroist plus belle encore.

Telle ne paroist point sur le riuage More,
L'Amante de Cephale, en sa rare beauté ;
Ny celle qui la nuit sur vn Char argenté,
Redonne vn nouueau iour à l'Empire de Flore.

A la honte des Cieux, cét Astre est sans pareil ;
C'est vne Aurore enfin, qui n'a point de Soleil ;
Et de qui la Splendeur, est mesme sans seconde :

O Rois, superbes Rois, Esclaues couronnez,
Venez suiure ce Char, illustres enchainez,
Et preferez vos fers, à l'Empire du Monde.

SONNET.

La Nimphe endormie.

Vous faites trop de bruit, Zephire taisez vous,
Pour ne pas esueiller la Belle qui repose :
Ruisseau qui murmurez, esuitez les cailloux,
Et si le vent se taist, faites la mesme chose.

Mon cœur, sans respirer, regardons à genoux,
Sa bouche de Coral, qui n'est qu'à demy close,
Dont l'haleine innocente, est un parfum plus doux,
Que l'esprit de Iasmin, de Musc, d'Ambre, & de Rose.

Ha que ces yeux fermez, ont encor d'agréement !
Que ce sein demy nud, s'éleue doucement !
Que ce bras negligé, nous descouure de charmes !

O Dieux elle s'esueille, & l'Amour irrité,
Qui dormoit aupres d'elle, a desia pris ses armes,
Pour punir mon audace, & ma temerité.

SONNET.

Philis dans le Bain.

Ristal peu trãsparent, qui pour déplaire au mõde,
Nous caches à demi, cette rare Beauté,
A voir briller ses feux, dans ton humidité,
Elle paroist Venus, qui sort du sein de l'Onde.

Orgueilleux Element, dont la colere gronde,
Abaisse, abaisse vn peu, tes flots & ta fierté;
Et ne couure point tant de ce voile argenté,
D'vn merueilleux Obiet, la grace sans seconde.

Laisse toy penetrer aux rayons de mes yeux;
Ne leur dérobe point vn thresor precieux;
Et ne t'oppose point à l'excés de ma ioye :

Ie ne sçaurois auoir vn plus superbe sort;
Et ne pouuant mourir d'vne plus belle mort,
Que ie sois Acteon, pourueu que ie la voye.

SONNET.

Sur vn Miroir.

Rois le, crois le Philis, ce Conseiller fidelle,
Lors qu'il te parlera de ta rare beauté;
Et sans plus condamner l'amour que i'ay pour elle,
Vois en luy mon excuse, & vois ta cruauté.

Remarque en ce Miroir, combien tu parois belle;
Admire de tes yeux, la brillante clarté;
Et iuge en les voyant, adorable cruelle,
Si te voir & t'aimer, n'est pas necessité.

Iette sur cette Glace, vn rayon de la flame,
Qui passe en vn moment, de tes yeux dans mon ame;
Ces Astres inhumains; ces Astres lumineux:

Et vois en les voyant, Beauté superbe & fiere,
Si des Globes remplis d'esclat & de lumiere,
Peuuent manquer iamais de produire des feux.

SONNET.

Sur vn Portraict.

Ne me regarde point, belle & fatale Image,
Car ie n'ay plus d'esprit, ny de cœur à donner;
Ie n'eus pas si tost veû cét aimable visage,
Que ce cœur enchanté voulut m'abandonner.

Tout ce que ie puis faire, en te rendant hommage,
C'est de t'offrir des vœux, & de te couronner;
T'esleuer vn Autel, qui dure plus d'vn âge,
Si t'y mettre dessus, n'est point te prophaner.

O superbe Philis, ne soyez plus si fiere,
Enfin vostre beauté, des beautez la premiere,
N'est plus seule auiourd'huy qui peut charmer nos yeux :

Vne autre comme vous, cent merueilles estalle;
Et le Peintre fameux, qui vous donne vne égalle,
A fait en ce Tableau, ce que n'ont pû les Dieux.

SONNET.

Sur vne Monstre.

Biet imperieux, qui fais ma destinée;
Toy qui de cette Monstre obserues tant le cours,
Vois si le temps est long, pour qui souffre tousiours,
Et combien de momens, composent vne année.

Le matin ie ressens ta rigueur obstinée;
A midy, ta bonté m'offre quelque secours;
Le soir, tout de nouueau tu changes de discours,
Et ma peine Philis, n'est iamais terminée.

Et la crainte & l'espoir, s'emparent de mon cœur;
La premiere triomphe, & puis l'autre est vainqueur;
Et successiuement, chacun d'eux m'abandonne:

Mais afin d'acheuer mon bon ou mauuais sort,
Adorable Philis, fais que ta Monstre sonne,
Ou l'heure de ma gloire, ou celle de ma mort.

SONNET.

Philis dance la Sarabande.

Elle attache les yeux, & plus fortement l'ame,
Cette ieune Beauté, qui fait de si beaux pas:
Et d'vn air si galant, elle allume vne flame,
Dont tout cœur doit brusler, & ne s'en pleindre pas:

Elle auance, & recule; elle tarde; elle volle;
Et prend de si beaux temps, dans son agilité;
Qu'vn extase amoureux, nous oste la parole,
Et ce mouuement fait nostre immobilité.

L'adresse de son corps, paroist en cette Dance;
De ses pas mesurez, l'infaillible cadence,
Marque sans y manquer, ce que marquent les sons:

Les Graces & l'Amour, dancent à costé d'elle;
Et iettent en dançant, de subtils hameçons,
Qui prennent mille cœurs, sous les pas de la Belle.

SONNET.

Pour vne Dame malade.

Pollon, Dieu des Vers, & de la Medecine,
Ame de la Nature, & son plus ferme apuy;
De cét œil qui voit tout, vois Philis auiourd'huy,
Dans vn mal qui l'afflige, & qui nous assassine.

Cherche en toute la Terre, vne herbe, vne racine,
Qui puisse soulager son mal, & nostre ennuy;
Vois ce charmant Obiet, ne songe plus qu'à luy,
Et sauue en le sauuant, vne beauté diuine.

Pour faire releuer tes Autels abatus,
Assemble des Metaux, les secrettes vertus,
Et prolonge le cours d'vne si belle vie:

Neglige l'Vniuers; & la viens secourir;
Fais rire tout le monde, & fais pleurer l'Enuie;
Et fais la viure enfin, pour nous faire mourir.

SONNET.

Sur vn Adieu.

Parole cruelle, & difficile à dire;
Que tu me fais d'horreur, & que mõ cœur te craint!
Cette pasle couleur, dont mon visage est peint,
Est vn signe euident, de mon secret martire.

I'ay dessein de parler, & ma bouche soupire;
Ie l'ouure ; ie la ferme ; & l'esprit qui se pleint,
D'vn funeste penser, mortellement atteint,
Tout foible & languissant, prés du cœur se retire.

Helas, que dois-ie faire, en l'estat où ie suis ?
Il le faut ; ie le dois ; & pourtant ie ne puis ;
De quelque vain discours, que l'espoir me console :

Mais inutilement, ie recule en ce lieu ;
Il la faut prononcer, cette triste parole,
Quand ie deurois mourir, en te disant, Adieu.

SONNET.

A vne Dame irritée.

Esclairez, foudroyez, ô mes Dieux en colere,
Et percez de vos traits, ce cœur ambitieux;
Cette mort n'aura rien qui ne me doiue plaire;
Et qui ne plaise encore à ce cœur glorieux.

Faites passer pour crime, vne faute legere;
Armez contre ce crime, & la Terre & les Cieux;
Malgré vous mon tourment deuiendra mon salaire,
Et ie mourray content, mourant par vous, beaux yeux.

Ie ne voy rien en vous, ô Philis, que ie n'aime;
Tout est beau, tout m'en plaist, & vostre fureur mesme;
Toutes vos actions ont pour moy des appas:

Vos yeux sçauent briller, de plus d'vne lumiere;
Vous estes ma Venus, quand vous n'estes plus fiere,
Et quand ie vous la voy, vous estes ma Pallas.

SONNET.

Sur vn Despit.

ET bien, il faut changer, si Philis nous l'ordonne;
Elle peut commander; nous deuons obeïr;
Nostre amour luy déplaist; il nous la faut haïr;
Et prendre en mesme temps, le congé qu'ō nous donne.

Quittons, quittons enfin, cette ingratte Personne;
Pour estre estimé d'elle, il faudroit la trahir;
Et tout cœur genereux, ne doit pas s'esbahir,
Si le sien est volage, & s'il nous abandonne.

C'est trop, c'est trop souffrir, d'vne telle fierté;
L'Esclaue le plus vil, songe à sa liberté,
Ayant long temps gemi, sous vn Maistre si rude:

Sous des fers si pesans, mes cheueux ont blanchi;
Prens, prens ce qu'elle t'offre, en son ingratitude,
Ne sois plus son Esclaue, & sois son affranchi.

SONNET.

L'Esclaue qui reprend ses fers.

TV fuis en vain, mon cœur, & si tu vois tō Maistre,
Il ne faut plus songer à cette liberté :
Comme on n'en sçauroit voir, où l'on voit sa beauté,
L'espoir en disparoist, dés qu'on la voit paroistre.

Esclaue fugitif, aprens à te connoistre ;
Repens toy promptement de ta temerité ;
Et craignant sa iustice, espere en sa bonté,
Car enfin sans deffauts, le Destin la fit naistre.

Ie ne murmure plus, des maux que i'ay souffers ;
Quelque mauuais Demon me fit quitter mes fers,
Et mit dans mon esprit, ces entreprises vaines :

Mais puis que i'en deteste, & la cause, & l'effet,
O charmante Philis, redonnez moy mes chaines,
Et ie seruiray mieux, que ie n'ay iamais fait.

SONNET.

Sur vne ialousie.

I'Ay le cœur à la gesne, & l'esprit tout confus ;
Ie crains tout, sans sçauoir le suiet de ma crainte ;
I'ay tousiours du chagrin ; ma raison n'agit plus ;
D'vn funeste soubçon, mortellement attainte.

I'occupe tout mon temps, en des soins superflus,
Et mon ame en desordre, en souffre la contrainte :
Ie voudrois dans ce mal, auoir les yeux d'Argus ;
Et lors que ie me pleins, ie suffoque ma plainte.

Vn dangereux Serpent, me rampe dans le sein ;
Son venin a rendu mon iugement mal sain ;
Cent fantosmes cruels, font ma peine cruelle :

A ce suplice affreux, ie me voy condamné ;
Et souffrant d'vn Vautour la rigueur eternelle,
Ie doute si ie suis, ou ialoux, ou damné.

SONNET.

Sur vn Songe.

Prodige estonnant, & difficile à croire,
Enfin ie voy Philis, sans haine, & sans orgueil:
Apres vn long combat, i'emporte la victoire;
Et l'on voit mon Triomphe, au bord de mon Cercueil.

Ses yeux tous rayonnans de splendeur & de gloire,
Comme vn foible nuage, ont dissipé mon deüil;
De l'orage passé, i'ay perdu la memoire,
Et i'ay trouué le Port, où ie creus vn Escueil.

D'vn regard fauorable, & tout rempli de charmes,
Cét Astre de mes iours, vient d'essuyer mes larmes,
Et de cette douceur ie suis esmerueillé:

Sa froideur se réchauffe, à l'ardeur de ma flame;
Elle m'offre son cœur, en receuant mon ame:
Mais helas c'est en songe, & l'on m'a resueillé.

SONNET.

L'Oyseau qui s'en-volle.

IL sort de sa prison ; il s'enfuit ; il s'envolle ;
Cét imprudent Oyseau, que Philis aimoit tant :
Et sans considerer qu'elle estoit sa Geolle,
Dans l'air à tire d'aisle, il s'esleue à l'instant.

Elle en perd la couleur ; elle en perd la parole ;
Et son ame croit perdre vn thresor important :
Elle le suit des yeux ; & rien ne la console,
De l'iniuste départ de ce bel inconstant.

Bizarre effet du Sort, dont mon ame est surprise !
Elle fuit qui la suit ; & suit qui la méprise ;
Refusant mille cœurs, lors qu'ils luy sont offers :

C'est la diuersité des fortunes humaines ;
Cét Oyseau trop heureux, s'est dépleu dans ses chaines,
Et moy ie ne me plais qu'à languir dans mes fers.

SONNET.

L'Indifferente.

Aimez, ou n'aimez pas; changez; soyez fidelle;
Tout cela pour Philis est fort indifferent :
Comme vostre conqueste a peu touché la Belle,
Elle perd vostre cœur ainsi qu'elle le prend.

L'on ne peut la nommer, ny douce, ny cruelle;
Son insensible esprit, ne combat, ny se rend :
Elle entend les soupirs, que l'on pousse pour elle;
Mais ce cœur de rocher ne sçait ce qu'il entend.

L'Amour (tout Dieu qu'il est,) auec toute sa flame,
Ne dissoudra iamais, les glaçons de son ame;
Et cette souche enfin, n'aimera iamais rien :

O mal-heureux Amant ! ô penser qui me tuë !
Quel bizarre destin, se rencontre le mien ?
Comme Pigmalion, i'adore vne Statuë.

SONNET.

L'Incredulle.

Connoissez vos attraits, adorable incredulle,
Et lors assurément vous me connoistrez mieux :
Remarquez le beau feu, qui brille dans vos yeux,
Pour iuger de l'ardeur, de celuy qui me brusle.

Quand ie fais des soupirs, c'est que ie dissimulle ;
Quand ie parle, ie mens ; ie suis malicieux ;
Quand ie ne parle point, mon sort n'en va pas mieux ;
Et bien loin d'auancer, mon espoir se reculle.

Estrange aueuglement, qu'on ne peut trop blasmer !
Philis, vous peut-on voir, & ne vous pas aimer ?
Vous outragez mon cœur ; vous choquez vostre gloire :

O bizarres effets, de mon sort inhumain !
Quand ie dis que ie meurs, vous ne me pouuez croire ;
Et quand ie seray mort, vous me croirez en vain.

SONNET.

La Belle affligée.

Amais nulle douleur, ne se fit voir si belle;
Iamais pleurs respãdus, n'eurẽt tant d'agréemẽt;
Non pas ceux que l'Aurore offrit à son Amant,
Lors que pour sa Procris, il parut si fidelle.

Philis maudit la Parque, & la nomme cruelle,
Mais d'vn air si modeste, & d'vn ton si charmant,
Que l'on voit à l'entour de ce grand Monument,
Les Graces & l'Amour qui pleurent auec elle.

O bien-heureux Heros, qui la fais soupirer,
Est-il rien icy bas, qu'on puisse comparer,
A l'estat esclatant, où s'esleue ta gloire?

Elle te doit le iour : mais vois ce que tu dois,
Puis que par vn bon-heur d'eternelle memoire,
Tu fais pleurer des yeux, qui font pleurer des Rois.

SONNET.

Pour vne Dame qui estoit parmi des rochers.

PHilis, de ces rochers, vous augmentez le nombre,
Autāt par vos froideurs, cōme par vostre orgueil :
Ils se couurent de flots, comme vous de leur ombre;
Et vous estes comme eux, vn dangereux Escueil.

Ils deuiennent fameux, par de tristes naufrages;
Par de tristes débris, l'Vniuers vous connoit :
Ils esbranlent souuent, les plus fermes courages;
Le plus ferme souuent, tremble quand il vous voit.

Ils resistent aux flots ; vous resistez aux larmes;
Tout cede à ces Escueils, & tout cede à vos charmes;
Ils troublent la raison des plus hardis Nochers :

Des plus sages Amans, vous troublez la prudence;
Et bref pour dire tout de cette ressemblance,
Vous estes vn rocher, comme ils sont des rochers.

SONNET.

Pour vne Dame qui pleuroit à force de rire.

Vel meslange confus, est sur vostre visage?
Philis, expliquez nous ses diuers mouuemens;
Si ces ris, & ces pleurs, & ces prompts changemens,
Nous sont de bon augure, ou de mauuais presage.

L'on voit en mesme temps, & le calme & l'orage;
Les Astres adoucis; les Astres inclemens;
Et plus ie veux sonder ces douteux sentimens;
Et moins de ma raison ie retrouue l'vsage.

Inhumaine Philis, qu'est-ce donc que ie voy?
Pleurez vous de mon mal? vous moquez vous de moy?
De grace expliquez vous, au desir qui me presse:

Ce caprice nouueau, confond mon iugement;
Helas qui vit iamais vn tel déreglement,
Philis pleure de ioye, & rit de ma tristesse?

SONNET.

Sur vn Orage.

Es vents sont déchainez, & la pluye, & la gresle,
Tombent confusément, auecques les esclairs ;
La Nature en desordre, a tout mis pesle-mesle ;
Et le tonnerre affreux, éclatte dans les airs.

Vne funeste nuit, espouuantable & sombre,
Nous dérrobe en plein iour, la lumiere des Cieux :
Cent torrents débordez, bondissent parmi l'ombre,
Et rien que de mortel, n'apparoist à nos yeux.

Philis, dans ce tumulte, vne Grotte prochaine,
Nous offre vne retraite, & facile, & certaine ;
Pendant que dans ces Bois, tout est à l'abandon :

Allons, n'y craignez point de suite infortunée ;
Comme vous surpassez la beauté de Didon,
Ie seray plus constant que ne le fut Enée.

SONNET.

Les yeux noirs, & les yeux bleux.

BEaux & sombres Soleils, qui d'vn feu vif & pur,
Enflamez tant d'esprits, & cõsumez tãt d'ames;
Astres clairs & brillans, dont le celeste Azur,
Deuient par son esclat, vne source de flames.

Vostre aimable noirceur, parle aux ambitieux,
D'vne agreable mort, qui vaut plus que la vie:
Et vous que l'on voit peints, de la couleur des Cieux,
Vous donnez en blessant moins de peur que d'enuie.

Yeux noirs, tous vos regards, penetrent iusqu'au cœur;
Yeux bleus, ce mesme cœur cede à vostre douceur;
Et par diuers chemins, vous allez à la gloire:

Les vns portent vos fers; les autres vos liens;
Et s'il faut déclarer le Parti que ie tiens,
I'estime fort le bleu, mais mon Escharpe est noire.

SONNET.

Pour vne Dame qui escriuoit.

Onduits sa main Amour, ainsi que sa pensée,
S'il est vray que Philis responde à mes Escris :
Ne luy suggere point ces termes de mépris,
Qu'inspire la fureur, dans vne ame offencée.

La mienne (tu le sçais) estoit vne insensée ;
La rage me guidoit, au chemin que ie pris ;
Et depuis mon erreur, i'ay plus ietté de cris,
Que ne pousse de flots, vne Mer courroucée.

Vnique & cher Obiet, de ma ferme amitié,
Iettez sur ma douleur, vn regard de pitié,
Et de cette douleur, remarquez l'amertume :

Mais sans plus balencer, mon bon ou mauuais sort,
Auant que vostre main abandonne la plume,
Philis, signez ma grace, ou l'arrest de ma mort.

SONNET.

Pour vne Dame qui filoit.

Plus charmāte qu'Omphale, & plus que Deianire,
Philis en se iouant, pirouette vn fuseau;
Mais vn fuseau d'Ebene, aussi riche que beau;
Mais d'vn air si galant, qu'on ne le sçauroit dire.

Il tourne; il se grossit; de ce lin qu'elle tire;
Il descend; il remonte; & descend de nouueau;
Et de ses doigts d'Albastre, elle trempe dans l'eau,
Cét inuisible fil, que Pallas mesme admire.

L'Obiet imperieux, qui me donne des loix,
Esgalle sa Quenoüille, aux Sceptres des Grands Rois,
Et son noble trauail, est digne d'vn Monarque:

Aussi depuis le temps qu'elle fille tousiours,
C'est de la belle main, de cette belle Parque,
Que dépend mon destin, & le fil de mes iours.

SONNET.

Le Printemps.

ENfin la belle Aurore, a tant versé de pleurs,
Que l'aimable Printēps nous fait reuoir ses charmes;
Il peint en sa faueur, les herbes & les fleurs,
Et tout ce riche Esmail, est l'effet de ses larmes.

Cibele que l'Hiuer accabloit de douleurs,
Et qui souffroit des vents les insolents vacarmes;
Mesle parmi ses Tours, les plus viues couleurs,
Et triomphe à la fin par ces brillantes Armes.

Les Roses & les Lis, d'vn merueilleux esclat,
Confondent la blancheur, au beau lustre incarnat;
La Tulipe changeante, estalle sa peinture:

Le Narcisse agreable, à l'Anemone est ioint;
Bref, tout se raieunit; tout change en la Nature;
Mais superbe Philis, mon sort ne change point.

SONNET.

L'Esté.

Nuironné de feux, & couuert de lumiere,
Tu sorts de l'Ocean, Astre de l'Vniuers;
Et des premiers rayons, de ta clarté premiere,
Tu m'échauffes l'esprit, & m'inspires ces Vers.

Tu brilles de splendeur; tu brusles toutes choses;
Les Vallons les plus frais, en vain t'ont resisté :
Tu fais languir les Lis; tu fais mourir les Roses;
Et la Neige est fonduë, aux chaleurs de l'Esté.

L'air est estincelant; la terre est dessechée;
La Palme la plus fiere, a la teste panchée;
Le Laurier le plus vert, resiste vainement :

Tout fume, tout perit, par la celeste flame;
Mais la plus viue ardeur d'vn tel embrazement,
M'incommode bien moins que celle de mon ame.

SONNET.

L'Automne.

Saison bien-faisante, aimable & douce Automne,
Toy que le Soleil void d'vn regard temperé;
Toy qui par les presens, que ta faueur nous donne,
Fais arriuer vn bien, qu'on a tant esperé.

Ce riche amas de fruits, dont ton front se couronne,
Rend par tous nos Hameaux, ton Autel reueré;
L'Abondance te suit; le Plaisir t'enuironne;
Mais vn plaisir tranquille, aussi bien qu'asseuré.

Bachus te suit par tout; & Cerés t'accompagne;
Les Costaux esleuez, & la vaste Campagne,
Leurs raisins & leurs bleds, te monstrent tour à tour:

Chacun dans l'Vniuers, a le fruit de ses peines;
Moy seul, helas moy seul, abusé par l'Amour,
N'ay qu'vn espoir trompeur, & des promesses vaines.

SONNET.

L'Hiuer.

L'Air paroist tout obscur; la clarté diminuë;
Les arbres sõt tous nuds; les ruisseaux tous glacez;
Et les rochers affreux, sur leurs fronts herissez,
Reçoiuent cét amas, qui tombe de la Nuë.

Tout le Ciel fond en eau; la gresle continuë;
Des vents impetueux, les toits sont renuersez;
Et Neptune en fureur, aux Vaisseaux dispersez,
Fait sentir du Trident, la force trop connuë.

Vn froid aspre & cuisant, a saisi tous les corps;
Le Soleil contre luy, fait de foibles efforts;
Et cét Astre blafard, n'a chaleur, ny lumiere :

L'Vniuers desolé, n'a plus herbes ny fleurs;
Mais on le doit reuoir, dans sa beauté premiere,
Et l'orage eternel, ne se voit qu'en mes pleurs.

F

SONNET.

La Beauté fiere.

PHilis, vous estes fiere, autãt qu'on vous voit belle,
Et vous paroissez belle, au suprême degré ;
Mais parmi cette humeur, que l'on nomme cruelle,
Ie voy certains attraits, qui sont fort à mon gré.

Cét air maiestueux, digne d'vne Immortelle,
Me fit bastir l'Autel, qui vous fut consacré ;
I'y serois moins deuot, si vous n'estiez point telle ;
Et dans vn Temple ouuert, ie fusse moins entré.

O fierté confonduë, à des beautez diuines !
O meslange esclatant, de Rozes & d'Espines !
Ie voy bien que ie pers, & mes pas, & mes soins :

Ie voy bien que ie pers, mes soupirs, & mes larmes,
Mais vn si noble orgueil, a pour moy tant de charmes,
Que si vous m'aimiez plus, ie vous aimerois moins.

SONNET.

Le mauuais choix.

ENfin donc cét orgueil, si fier & si hautain,
S'est rendu laschement à ce foible Aduersaire:
Et ce que cent Heros, croyoient tenter en vain,
Vn homme sans merite, à leurs yeux l'a pû faire.

Ce cœur imperieux, faisoit le Souuerain;
Et le voila soumis; suiet; & tributaire:
Philis iugeoit vn Sceptre, indigne de sa main;
Et sa main prend des fers, Esclaue volontaire.

Mille ieunes Amans, n'ont pû toucher ce cœur,
Et de ce bel Empire, vn vieillard est vainqueur,
Luy qui n'a rien de beau, ny rien que de funeste:

Certes ce rare choix, est sans comparaison;
Mais si vous desirez en sçauoir la raison,
Elle abonde en esprit, & vous sçauez le reste.

SONNET.

Les Amours en guerre.

Vx armes ma raison, c'est à nous qu'on en veut,
Nous sommes attaquez, songeôs à nous défendre:
Desia de mille Amours, le camp vollant s'émeut,
Et ces ieunes Tirans, ont iuré de nous prendre.

Il s'assemble ; il s'auance ; il fait tout ce qu'il peut;
Cét Esquadron aisié, qui peut tout entreprendre :
Et moins de gouttes d'eau, le Ciel a quand il pleut,
Qu'il ne lance de feux, pour nous reduire en cendre.

L'vn pour tirer plus droit, vient d'oster son bandeau;
L'autre bande son Arc; l'autre prend son flambeau;
L'vn remplit son Carquois; l'autre aiguise ses fléches:

En vain nous aspirons, au titre de Vainqueur;
Ils emportent la Place; ils y font mille bréches;
C'est assez resisté, rendons nous donc mon cœur.

SONNET.

L'Amant ambitieux.

ET bien, nous en mourrons, si nous aimons Siluie,
Sa rigueur, de nos iours esteindra le flambeau;
Mais vn Throsne vaut moins, que ce rare Tombeau,
Et ie tiens cette mort, plus douce que la vie.

Ie sents dans mon esprit, moins de peur que d'enuie;
Et bruslant de finir, par vn destin si beau,
I'estime plus qu'vn Cigne, vn funeste Corbeau,
Qui me predit vn sort, dont mon ame est rauie.

Qu'on ne me parle plus, d'Icare audacieux;
Ie sçay bien qu'il tomba, mais qu'il tomba des Cieux;
Et que mesme sa chutte, a fait toute sa gloire:

Ayons son auanture, ainsi que son orgueil;
Ayons pour meriter son illustre memoire,
Vn Astre pour obiet, & la Mer pour Cercueil.

SONNET.

La Nimphe qui chasse.

LE Carquois sur l'espaule, & son Arc à la main,
Sous ces arbres touffus, ie voy venir Siluie:
La belle Nimphe court plus viste que le Dain,
A qui ses traits vollans, veulent oster la vie.

Vn Crespe transparent, nous laisse voir son sein,
Dont les yeux sont charmez, & dont l'ame est rauie:
Et ses cheueux espars, qui vollent sans dessein,
Sont baisez du Zephir, dont la Nimphe est suiuie.

Son visage vermeil, dans sa noble fierté,
Mesle & confond la grace, à la seuerité;
Et ce diuin Obiet se fait aimer & craindre:

Fuyez Amants, & Cerfs, fuyez tous de ces lieux;
Car enfin il n'est rien, qu'elle ne puisse atteindre,
Et des traits de sa main, & des traits de ses yeux.

SONNET.

Sur vne abſence.

Eſt-ce viure ou mourir, qu'eſtre abſent de Siluie?
Mon eſprit incertain ne le ſçait pas trop bien:
Quand ie ne la voy pas, ie croy ne voir plus rien,
Et n'auoir plus de part aux douceurs de la vie.

Mais lors que de ſes yeux, la clarté m'eſt rauie;
Que ie voy ſeparer, ſon beau deſtin du mien;
Le repos du Tombeau, me ſemble vn ſi grand bien,
Que ie me croy viuant, tant i'en conçoy d'enuie.

Ie ſuis viuant aux maux; ie ſuis mort aux plaiſirs;
Mon eſpoir eſt eſteint; mais non pas mes deſirs;
Et l'eſtat où ie ſuis, n'a rien qui luy reſſemble:

O Dieux, qui vit iamais vn ſi bizarre ſort!
Ie ſuis vn mal-heureux, qui n'eſt viuant ny mort;
Et qui ſe trouue enfin, & l'vn & l'autre enſemble.

SONNET.

Sur vn Retour.

Voy, nous la reuerrons, cette ieune Merueille,
Et le Ciel nous permet ce bien-heureux retour!
Mais apres les ennuis d'vn si triste seiour,
Ne fais-ie point vn songe, est-il vray que ie veille?

Quelle bonne fortune à la mienne est pareille?
Quel Encens, & quels vœux, dois-ie offrir à l'Amour?
C'est par luy seulement que me luit ce beau iour;
Et ma pleinte à la fin, a touché son oreille.

Vollons, vollons Amour, où mon cœur a vollé;
Fais vn heureux Amant, d'vn Amant desollé;
Ma Maistresse m'attend, fais que ie la reuoye:

Ie passe en vn instant, des Enfers dans les Cieux;
Ie m'expose sans doute, en voyant ses beaux yeux;
Mais puis qu'il faut mourir, que ie meure de ioye.

SONNET.

Contre vn Ialoux.

VSers ma paſsion, par ton impatience;
En te faiſant haïr, tu me feras aimer;
Ialoux impertinent, qu'on ne peut trop blaſmer,
Ennemi declaré, de toute bien-ſeance.

Ne te laſſes tu point de cette vigilance?
Et d'auoir chaque nuit, cent portes à fermer;
Cent fantoſmes à vaincre; & cent flots à calmer;
Cent Monſtres à combattre, en ton extrauagance.

O qu'à tort ton eſprit, ſe fait voir abatu!
O que tu connois mal, vne auſtere Vertu,
Qui mieux que par tes ſoings, ſe conſerue elle meſme!

C'eſt ainſi que le Sort, ſe plaiſt à nous trahir;
Tu crois ſans fondement, que cette Beauté m'aime,
Mais elle ne croit pas, qu'elle te doit haïr.

G

SONNET.

Contre un Mari boiteux.

Tel que dans la Sicile, en son Antre enfumé,
Se fait voir de Venus, le Mari haïssable;
Tel paroist à nos yeux, & plus espouuantable,
Le Mari de Siluie, aussi noir qu'enrrhumé.

Il forme de charbon, son fard acoustumé;
Cent rides se font voir, sur son front effroyable;
Il est boiteux; ialoux; & le Ciclope aimable,
Brusle du mesme feu dont ie suis consumé.

Cependant il possede, une Nimphe adorée;
Cependant ce Vulcan, n'est point sans Citherée;
Et ce Monstre l'obsede, & s'oppose à mes feux:

O Reine de nos cœurs, qu'on voit tousiours captiue,
Si iamais vostre humeur, deuient vindicatiue,
Heureux sera le Mars, de ce Vulcan boiteux.

SONNET.

Sur la bonne Auanture.

Biet de mes desirs, adorable Siluie,
Que pensez vous aprendre en ces lieux escartez?
Si le Sort vous donnoit, ce que vous meritez,
Vous seriez dans vn Throsne, en despit de l'Enuie:

Vous estes l'Astre seul, dont mon ame est rauie;
De vous partent mes maux, ou mes prosperitez;
Et ne prenant de loy, que de vos volontez,
C'est de vous que dépend, le succés de ma vie.

Ie ne veux consulter, ny Sorcier, ny Deuin,
Que le regard charmeur de vostre œil tout diuin;
C'est luy, dont le pouuoir, regle mon auanture.

O bel œil plein d'appas; ô superbe Vainqueur;
Vous de qui le pouuoir, surpasse la Nature,
Que cherchez vous aux mains, si vous lisez au cœur?

SONNET.

Pour vne infidelle.

Elle de qui le cœur, illustre & genereux,
En me donnant ses fers, auoit reçeu mes chaines;
Qui faisoit mes plaisirs; qui partageoit mes peines;
Et qui m'aimoit autant, que i'estois amoureux.

Enfin par vn caprice, estrange & rigoureux,
Rend en causant ma mort, mes esperances vaines;
O changement du monde! ô choses incertaines!
I'ay vescu dans la gloire, & ie meurs mal-heureux.

Helas, quel coup de foudre, à ma ferme amitié!
Elle n'escoute plus, ny raison, ny pitié;
Vn mépris eternel, se mesle à tous ses charmes:

O diuine infidelle, en ce funeste sort,
Ie ne demande point, que vous voyez mes larmes,
Mais ie veux seulement, que vous voiyez ma mort.

SONNET.

Pour la mesme Inconstante.

Elle aime, & n'aime plus, & puis elle aime encore,
La volage Beauté, que ie serts constamment:
L'on voit ma fermeté ; l'on voit son changement ;
Et nous aurions besoin, elle & moy, d'Ellebore.

Cent fois elle brusla, du feu qui me deuore ;
Cent fois elle esteignit, ce foible embrazement ;
Et semblable à l'Egipte, en mon aueuglement,
C'est vn Cameleon, que mon esprit adore.

Puissant Maistre des sens, escoute vn mal-heureux ;
Amour, sois Alchimiste, & sers toy de tes feux,
A faire que son cœur prenne vne autre nature :

Comme ce cœur constant, me seroit vn thresor,
Ie ne demande point, que tu faces de l'or,
Trauaille seulement, à fixer ce Mercure.

SONNET.

Angelique chantant.

Elle m'emporte l'ame, auecques sa musique,
Cette belle Sereine, aux dangereux appas;
Et qui peut resister à la voix d'Angelique,
Est plus sourd qu'vn Aspic, & ne l'escoute pas.

Ce poison agreable, au cœur se communique;
Chacun voudroit mourir, d'vn si noble trespas.
Et le charme puissant, d'vn Demon harmonique,
Emporte nostre esprit, tantost haut; tantost bas.

Toutes les passions, que cette Belle exprime:
Vont de l'oreille au cœur, où sa voix les imprime;
Cette voix naturelle, où l'Art est si bien ioint:

O Sereine trompeuse, & fatale aux Nauires,
Pour nous mieux deceuoir, tu gemis, tu soupires;
Ta voix languit d'amour; mais ton cœur n'en a point.

SONNET.

Deux Sœurs peintes en mesme Tableau.

Es deux charmãtes Sœurs, rauißẽt tout le mõde,
Et chacun est touché, par vn obiet si beau:
Icy la Beauté brune; icy la Beauté blonde;
Arreste tous les yeux, sur ce diuin Tableau.

Si l'vne par son taint, n'a rien qui la seconde;
L'autre pourroit ternir le celeste Flambeau:
Si l'vne nous fait voir, sa gorge blanche & ronde;
L'autre par ses cheueux, est vn Astre nouueau.

O Peintre, que ta main fait de rares merueilles!
Que tu nous fais bien voir, ces deux Sœurs sãs pareilles!
Il semble qu'elles ont, & l'esprit, & la voix:

D'Apelles si fameux, tu marches sur les traces;
Enfin dans ce Tableau, tu nous fais voir deux Graces;
Mais la Nature & l'Art, n'en ont pû faire trois.

SONNET.

L'Amour Enfant parmi de petites Filles.

Que d'attraits charmãs, õt ces Beautez naiſſãtes!
Que de naïueté, paroiſt en leurs regards!
Leurs yeux brillans par tout, de flames innocentes,
Vne Grace ſans art, les ſuit en toutes parts.

C'eſt ſans aucun deſſein, que leurs armes puiſſantes,
Ont bleſsé mille cœurs, par mille heureux hazards:
Elles ne ſçauent pas, qu'elles ſont triomphantes;
Et que l'on voit leur Char, ſuiui par des Ceſars.

Mais quel eſt cét Enfant, que nous voyons entre elles,
Qui paroiſt auſsi beau, qu'elles paroiſſent belles;
Et qui n'eſt pas plus beau, qu'il eſt malicieux?

Il cache vn petit Arc, ſous leurs riches Guirlandes;
C'eſt l'Amour; c'eſt l'Amour; le plus ſubtil des Dieux;
Luy qui deuiendra grand, quand elles ſeront grandes.

SONNET.

La gaye, & la melancolique.

Arthemise est fort gaye; & sa sœur est fort triste;
L'une rit en tous lieux; l'autre pleure en tout tẽps;
L'une suit tour à tour, cent pensers inconstans;
Et l'autre inébranlable, en son chagrin persiste.

L'une sçait mépriser, tout ce qui luy resiste;
L'autre des plus heureux, feroit des mécontens;
Enfin plus ie les vois, & moins ie les entens;
Et moins ie puis trouuer, où leur plaisir consiste.

Rire eternellement! pleurer presque tousiours!
Employer à causer, & les nuits, & les iours!
Ne dire pas deux mots en toute vne semaine!

Nature, où songeois tu, dans ce déreglement?
Et que ne faisois tu, si ta regle est certaine,
Du meslange des deux, vn beau temperamment?

H

SONNET.

Contre vne Femme qui parle trop.

Es torrents eternels, de discours inutiles,
Ne trouuent iamais rien qui les puisse arrester:
Et pourueu seulement, qu'on la veüille escouter,
Tous auditeurs sont bons, & tous suiets fertiles.

Elle estourdit les sots, autant que les habiles;
Ny chaleur, ny froideur, ne la peut rebuter;
Et ce fascheux esprit, propre à persecuter,
Ne rencontre iamais de matieres steriles.

O mal-heureux Amants, qui viuez sous ses loix,
Comme la Nimphe Echo, ie la croy toute voix;
Et ie ne voy pour vous, que des suiets de craintes:

Dittes nous quel espoir s'offre à vostre secours;
Et de quelle façon, peut escouter vos plaintes,
Celle qui vous fait taire, & qui parle tousiours?

SONNET.

La belle Egiptienne.

Ombre Diuinité, de qui la splendeur noire,
Brille de feux obscurs, qui peuuent tout brusler:
La Neige n'a plus rien, qui te puisse égaller,
Et l'Ebene auiourd'huy, l'emporte sur l'Iuoire.

De ton obscurité, vient l'esclat de ta gloire;
Et ie voy dans tes yeux, dont ie n'ose parler;
Vn Amour Affriquain, qui s'apreste à voller,
Et qui d'vn Arc d'Ebene, aspire à la victoire.

Sorciere sans Demons, qui predis l'aduenir;
Qui regardant la main, nous viens entretenir;
Et qui charmes nos sens, d'vne aimable imposture:

Tu parois peu sçauante, en l'art de deuiner;
Mais sans t'amuser plus, à la bonne auanture;
Sombre Diuinité, tu nous la peux donner.

SONNET.

La belle Aueugle.

Beaux Soleils éclipſez, dont la lumiere eſteinte,
Brille d'vn feu ſi pur, tout foible comme il eſt;
Yeux, dont nous reſſentons l'ineuitable atteinte;
Et dont le ſombre éclat, nous afflige, & nous plaiſt.

Redoutables Archers, dont les fatales armes,
Vont touſiours droit au cœur, y frapant ſans deſſein;
Tirans, qu'on ne ſçauroit eſmouuoir par des larmes,
Ny par le triſte obiet, de leur coup inhumain.

Diuinité ſans choix, de tant d'attraits pourueuë;
Toy (dis-ie) qui ſans voir, nous donnes dans la veuë;
Qui ne peux diſcerner, ny la nuit, ny le iour:

Par quel heureux hazard, s'eſtablit ton Empire?
Et qui iamais Cloris, auoit entendu dire,
Que Venus fuſt aueugle, auſsi bien que l'*Amour*?

SONNET.

Sur la mort d'vne Dame.

Voyles Dieux meurēt donc! eſ tāt de rares choſes,
N'ont pû ſauuer Procris, de l'effroy du Tōbeau!
Sa noirçeur eſteignant ce lumineux flambeau,
Nous en voyons l'effet, ſans en ſçauoir les cauſes.

Lugubres changemens; triſtes metamorphoſes;
Que nous auoit predit, vn funeſte Corbeau;
Tout l'Vniuers en deüil, perd ce qu'il a de beau;
Et ces diuins attraits, ont le deſtin de Roſes.

Cette paſle Beauté, nous afflige, eſ nous plaiſt;
Elle enchante les yeux, toute morte qu'elle eſt;
Et de ſa belle Cendre, il ſort encor des flames:

Nous en voyons l'eſclat; nous en ſentons l'effort;
Et l'on peut voir enſemble, en ce charme des Ames,
Les Parques, eſ l'Amour; les Graces, eſ la Mort.

SONNET.

Sur le mesme suiet, en Epitaphe.

Essez heureux Climats, de vanter vostre gloire,
Pour auoir cét Oyseau, qui meurt en se bruslant:
Puis qu'vn autre immolé, meurt d'vn feu violent,
En le nommant vnique, on flate sa memoire.

Incredules Esprits, qui soubçonnez l'Histoire,
Quand elle vous raporte, vn prodige excellent;
Où le Cigne à sa mort, pousse vn air foible & lent,
La diuine Procris vous oblige à le croire.

Elle est morte en chantant, ce qu'on chante en ce lieu;
Elle est morte en bruslant, de l'amour de son Dieu;
Beau Cigne; heureux Phœnix; que le Ciel voulut prēdre.

Mais le corps qui ne peut encore aller aux Cieux,
Comme vn Cigne flottant, parmi l'eau de nos yeux,
L'ame y volle en Phœnix, abandonnant sa Cendre.

SONNET.

Sur le mesme suiet.

Voir des Sceptres rompus, des Couronnes brisées;
Des Throsnes renuersez; des Autels démolis;
De superbes Ramparts, sous l'herbe enseuelis;
Des Troupes d'innocens, à la mort exposées.

Voir des Villes enflame, & des Palais en poudre;
Voir le fer & le feu, perdre & rauager tout;
Voir la peste en l'Estat, de l'vn à l'autre bout;
Voir perir des Vaisseaux, & voir tomber la foudre.

Tous ces mal-heurs sont grands; & pour les endurer,
Et sans ressentiment, & sans en murmurer,
Il faut vn cœur si grand, que rien ne le surmonte:

Mais le dernier effet de la rigueur du Sort,
C'est (si nous en croyons l'infortuné Cleonte,)
Voir mourir ce qu'on aime, & viure apres sa mort.

SONNET.

Le Triomphe des Muses, en faueur de la Peinture & de la Sculpture, pour l'Academie Royalle des Peintres.

Filles de Iupiter, qui regnez sur Parnasse,
Vous qui pouuez charmer, et les Dieux, et les Rois;
En ce iour de Triomphe, où l'infortune passe,
Venez mesler vos Luts, à vos sçauantes voix.

Voicy deux de vos Sœurs, qu'vne estrange disgrace,
Esloigna si long temps, de l'ombre de vos Bois;
Nostre Apollon vainqueur, comme le Dieu de Thrac
Enfin a combatu, pour la derniere fois.

Deux Monstres inhumains, l'Ignorance, & l'Enuie;
Ont trauersé le cours, de leur illustre vie;
Mais ces Monstres vaincus, s'en reuont aux Enfers :

Chantez Muses, chantez, vne Himne de victoire;
Ie les voy tous honteux ; ie les voy dans les fers;
Et ie renuoy vos Sœurs, rayonnantes de gloire.

SONNET.

En faueur d'vn excellent Peintre.

Grand & fameux Rubens, dont le docte Pinceau,
A charmé l'Vniuers, par cent rares merueilles;
Toy dont le renom dure, au delà du Tombeau;
Et qui fera durer tes Oeuures sans pareilles.

Pour sçauoir si ton Art, a mis dans vn Tableau,
Dequoy tromper les yeux, & presques les oreilles;
Si ton Dessein fut grand; & ton Coloris beau;
Il suffit de sçauoir qu'on en veut à tes veilles.

Ne sois pas estonné, de voir du haut des Cieux,
Vn Monstre de l'Enfer, lasche & malicieux,
Choquer apres ta mort, la gloire de ta vie:

Tu le vois, il est vray: mais il est sans pouuoir;
Et d'abord que l'Europe, a reconnu l'Enuie,
Elle n'a plus douté, de ton diuin Sçauoir.

I

SONNET.

A Monsieur Valdor, sur son Liure du Regne du feu Roy.

DV plus grand de nos Rois, tu consacres la Gloire,
Et par toy ce Heros à l'immortalité :
Mille & mille beaux faits d'eternelle memoire,
Obtenant de toy seul, ce qu'ils ont merité.

En vain il eust gagné victoire sur victoire,
Si tu ne le monstrois à la Posterité :
Et de quelque pouuoir que se vante l'Histoire,
Ton illustre Crayon dit mieux la verité.

O vous Peintres fameux, que l'Vniuers admire,
Bien que dans vos Tableaux, tout parle, tout respire,
Et que vostre Art diuin puisse tromper les yeux :

Ne peignez plus LOVIS, gardez de l'entreprendre ;
Car puis qu'enfin Valdor le met au rang des Dieux,
Il est iuste qu'il soit l'Apelle d'Alexandre.

SONNET.

Contre vn Auare.

Ragon tousiours veillāt, sur tes Thresors cachez,
Toy (dis-ie) qu'ō voit pauure, au milieu des richesses:
Garde soigneusement, l'effet de tes pechez,
Et ne monstre iamais, le prix de tes bassesses.

Adore sans le voir, l'obiet de tes desirs;
Les amours de ton cœur; l'idolle de ton ame:
Dans vn soing eternel, rencontre tes plaisirs;
Et trouue de la gloire, à passer pour infame.

N'estime rien que l'or, dans ton esprit brutal;
Sois insensible à tout, comme l'est ce Metal;
Enterre toy viuant; perds l'honneur & la vie:

Honte de la Nature, homme sans amitié;
Mon cœur, bien loin d'auoir nul sentiment d'enuie,
Te voit si mal-heureux, que tu m'en fais pitié.

SONNET.

Contre vn Ignorant.

Tv fais bien, tu fais bien, de méprifer la gloire,
Et les doctes labeurs, des hommes de fçauoir:
Tu fais vne faueur, aux Filles de Memoire,
Lors que dans ta Maifon, tu ne les veux point voir.

Elles qui fur le Temps, emportent la victoire;
Elles de qui les Rois, refpectent le pouuoir;
Flatteroient vainement, ton humeur fombre & noire,
De ce que ton efprit, ne fçauroit conceuoir.

Ennemi des beaux Arts, ignorant & ftupide;
Quand tu fuis ton inftinct, tu fuis vn mauuais guide;
Et ton aueuglement, n'eut iamais de pareil:

Mais tu n'es point coupable, en fuiuant ta nature;
Et l'efclat de nos Vers, eft pour ton ame obfcure,
Ce qu'eft pour vn Hibou, la clarté du Soleil.

SONNET.

Contre vn Médisant.

TV respans ton venin, sur les plus rares choses,
Serpent tousiours caché, pour faire plus de mal:
Et tu n'eveux qu'aux Lis, & qu'aux plus belles Roses;
Lasche, meschant, cruel, & perfide Animal.

Les Fables sans raison, que souuent tu composes,
Ont vn dessein funeste, autant qu'il est brutal:
Et si les noirs effets, respondoient à leurs causes,
Ton poison dangereux, nous deuiendroit fatal.

Mais graces aux bons Dieux, qui gardent l'innocēce,
Ta malice inutile, est tousiours sans puissance;
Et l'on te voit enfin, escrasé sous nos pas:

Tu trauailles en vain, à penser nous surprendre;
Ton crime aura tousiours, le mal-heur de Cassandre;
Et quand tu dirois vray, l'on ne te croiroit pas.

SONNET.

Contre vn Poëte.

Toy qui par interest, as chanté sur ta Lire,
Et les vertus d'Armand, & son Nom Glorieux;
Maintenant que cét Astre, est caché dans les Cieux,
Pourquoy ne dis tu plus, ce qu'on doit tousiours dire?

Quel Demon t'inspiroit, ou quel Demon t'inspire?
Quelle diuersité, fais tu voir à nos yeux?
D'Esclaue, & de Flateur, tu deuiens furieux;
Et du Panegiric, tu vas à la Satire.

L'on te vit admirer, l'esclat de sa Grandeur;
Et l'on te voit blasmer, cét Astre sans splendeur,
Qui dans l'ombre des Morts, perd sa clarté premiere:

Ainsi dans la Libie, vn peuple sans raison,
Adore le Soleil, montant sur l'Horison;
Et le maudit apres, quand il est sans lumiere.

SONNET.

Sur la mort d'vn Braue.

Il passa comme vn foudre, au milieu des Batailles,
L'inuincible Cleon, qui parut si vaillant :
Et son bras animé, d'vn courage boüillant,
Fit voir de cent Heros, les tristes funerailles.

Il força des Ramparts ; il força des Murailles ;
Et tousiours dans la guerre, on le vit Assaillant,
Briser comme du verre, en vn peril si grand,
Et Casques, & Boucliers, & Cuiraces, & Mailles.

Mais apres tant d'Exploits, Cleon cede au mal-heur ;
Le nombre en ce combat, accable la valeur ;
Et Mars mesme ialoux, satisfait son enuie :

Il tombe ce Guerrier ; mais apres cent Guerriers ;
Et la victoire chante, en monstrant ses Lauriers ;
Si Mars eust pû mourir, Cleon seroit en vie.

SONNET.

Au Roy.

Roy le plus grãd des Rois, & le plus beau des hõmes,
Qui de mille vertus, vas estre decoré ;
Merueilleux ornemẽt, du grãd Siecle où nous sommes;
Ieune & charmant Heros, qui dois estre adoré.

Tu regnes dans nos cœurs, comme dans tes Prouinces;
Nous t'auons desia mis, au rang des Immortels ;
Et Rome qui iadis, fit ses Dieux de ses Princes,
N'en vit iamais aucun, si digne des Autels.

Mais songe dans le point, où la France est montée,
Que l'on te voit briller, d'vne gloire empruntée ;
Que ton Sceptre dépend, des eternelles Loix :

Que ta riche Couronne, est pourtant tributaire ;
Que Dieu seul fit ton Throsne, & qu'il le peut deffaire;
Ce Dieu de l'Vniuers, par qui regnent les Rois.

SONNET.

A la Reine.

Reine, dont la beauté n'a guere eu de pareille;
Et de qui les vertus, surpassent la beauté;
Pour nous faire vn present, rare en sa nouueauté,
De grace escoutez bien, l'Ange qui vous conseille.

Bellonne en sa fureur, de sang toute vermeille,
A fait sentir par tout, quelle est sa cruauté;
Et lors que nous pensons, nous voir en seureté,
C'est lors que de nouueau, sa fureur se resueille.

Reine, obtenez pour nous, vn thresor precieux;
La Paix; la sainte Paix; cette Fille des Cieux;
Et qu'elle ait à Paris, vn Temple comme à Rome:

Bannissez à la fin, & la guerre; & l'effroy;
Et faites en ce iour, que la France vous nomme,
Mere de la Patrie, aussi bien que du Roy.

SONNET.

A la Reine, sur l'Inscription remise au Palais Cardinal.

CE qu'on dit de Cesar, lors que du grand Pompée,
Il releua l'Image, en mille, & mille lieux ;
O Reine sans égalle, on le dira bien mieux,
Si ta bonté triomphe, ainsi que son Espée.

D'vn Monstre de l'Enfer, l'esperance est trompée :
Il murmure ; il enrage ; il destourne les yeux ;
Ouy, l'Enuie au taint blesme, à la face des Cieux,
Tombe de ce grand coup, mortellement frapée.

Ouy Reine, par sa mort, ton Nom est immortel ;
De ce Marbre fameux, ie feray ton Autel ;
Et tes hautes vertus auront leur recompense :

Tu rends ce Monument, au diuin Richelieu ;
Et moy ie le consacre, auec toute la France,
A ta Gloire ; à ton Nom, comme à ce Demy-Dieu.

SONNET.

L'Ombre du Duc d'Anguyen, à Monseigneur le Prince.

Vous qui ſuiuez mes pas, dãs le Chãp de la Gloire;
Qui brauez comme moy, la Mort & le danger;
Inuincible Heros, l'effroy de l'Eſtranger,
Qui faites des Exploits, d'eternelle memoire.

Entaſſez comme moy, victoire ſur victoire;
Contraignez la Fortune, à ne vous point changer;
Et domptant l'Ennemi, qui cherche à ſe vanger,
Deuenez le ſuiet, d'vne immortelle Hiſtoire.

Comme i'ay Triomphé, Triomphez chaque iour;
Soyez comme i'eſtois, l'Aſtre de cette Cour;
Faites que vos vertus, facent taire l'Enuie:

Couurez de vos Lauriers, le front de voſtre Roy;
Et pour l'acheuement, d'vne ſi belle vie,
Soyez auſſi vaillant, & plus heureux que moy.

SONNET.

Pour sa mesme Altesse, sur la Grenade qui luy brusla le visage deuant Mardic.

Vn effroyable Esclair, esbloüit tous les yeux ;
Vn bruit espouuantable, imite le Tonnerre ;
Vn Globe tout de feu, semble tomber des Cieux ;
Il s'embrase ; il se creue ; il bondit sur la Terre.

L'inuincible Louis, est aux funestes lieux,
Où ce Globe vomit, la flame qu'il enserre :
Ces Esclairs sont meslez, aux Esclairs de ses yeux ;
Et le Foudre a touché, ce grand Foudre de guerre.

Quel Demon ennemi de sa prosperité,
Veut signaller sa rage, & sa temerité ?
Est-ce vn effet de haine ? est-ce vn effet d'enuie ?

Ie voy ce qui l'expose, à ces sanglans hasards ;
C'est le ialoux Vulcan, qui s'attaque à sa vie,
Parce qu'à sa valeur, il l'aura pris pour Mars.

SONNET.

Pour mon dit Seigneur.

Superbes ennemis, enfin abaissez vous,
Et venez prendre place, au pied de ce Trophée:
L'inuincible Heros, dont vous sentez les coups,
Est digne pour le moins, de la Lire d'Orphée.

Paslissez de douleur, fremissez de courroux;
Voyant de quelle ardeur, son ame est échauffée:
Et malgré les efforts, d'vn sentiment ialoux,
Que vostre vanité, sous luy soit estouffée.

Espagne, il faut ceder, à ce ieune Vainqueur,
Dont le sort ne conduit, ny le bras, ny le cœur;
Et de qui la prudence, est la reigle certaine:

O qu'il reuient couuert, d'vn merueilleux esclat!
Dans ses premiers Exploits, il parut Grand Soldat;
Mais aux derniers combats, il fut Grand Capitaine.

SONNET.

Au Grand Cardinal de Richelieu, fait en l'an 1638.

Illustre Protecteur des plus illustres Arts,
Sage & Grand Richelieu, que l'Vniuers admire;
Toy, de qui le renom volle de toutes parts;
Et fait voller par tout, celuy de cét Empire.

Ne crains pas que mon cœur, nourri dans les hasars,
N'escoute la Trompette, aussi bien que la Lire :
L'vne & l'autre Minerue; Appollon auec Mars;
M'ont apris à bien faire, & peut-estre à bien dire.

Tu me verras aller, où vont tous les Guerriers;
Tu me verras comme eux, aspirer aux Lauriers,
Que prennẽt les Vainqueurs, des mains de la Victoire:

S'ils vont dans les perils, i'y porteray mes pas;
Mais lors qu'il s'agira, de décrire ta gloire,
Sois seur que ie feray, ce qu'ils ne feront pas.

SONNET.

A mon dit Seigneur peu auant sa mort.

Que ne fait point l'esprit! que ne peut le courage!
Dequoy ne vient à bout, & l'vn & l'autre effort!
Celuy qui les possede, en despit de la Mort,
Paroist d'vn front serain, au milieu de l'orage.

Que ses fiers ennemis soufflent toute leur rage;
Qu'ils taschent d'allumer, le Flambeau du Discord;
Ils connoissent enfin, que leur foiblesse a tort,
De choquer vn Vaisseau, qui ne fait point naufrage.

La Fortune en riant, au Prince Agamemnon,
Afin d'éterniser, la gloire de son Nom,
Luy dõna plus qu'vn Sceptre, & plus qu'vne Courõne:

Ce fut le cœur d'Achille, & l'esprit de Nestor;
O le rare present! mais plus heureux encor,
Le Roy trouue les deux, en ta seule Personne.

SONNET.

Aux Grands.

Princes, pensez à vous, si vous aimez la gloire;
Et si vous aspirez, à l'Immortalité:
Sans l'illustre secours, des Filles de Memoire,
Vostre Nom n'ira point à la Posterité.

Quand vous entasseriez, victoire sur victoire;
Pour redoubler l'esclat, de vostre Dignité;
Le Temps mettroit vos faits, dans vne ombre si noire,
Qu'à peine sçauroit-on, si vous auriez esté.

Esleuez des Palais, superbes en structure ;
Faites y trauailler, & l'Art, & la Nature;
Et par ces Bastiments, estonnez l'Vniuers:

Princes, apres cela, vous deuez vous resoudre,
A voir ce bruit esteint, & ces Palais en poudre,
Et vostre Nom comme eux, s'il n'est mis dans nos Vers.

SONNET.

Aux mesmes.

Alexandre pleura, pour n'auoir point d'Homere,
Et vous en auez cent, qui sont prests à chanter:
Cent (dis-ie) dont la voix, est si haute & si claire,
Qu'aux deux bouts de la Terre, elle peut esclater.

Le renom immortel, cette illustre Chimere,
Princes, est d'vn tel prix, qu'on ne peut l'acheter;
Qui ne l'estime pas, on ne le connoist guere;
Ou le voit comme vn bien, qu'il ne peut meriter.

De grace, conceuez vn sentiment plus iuste;
Et pour voller plus haut, que la gloire d'Auguste,
Protegez comme luy, les plus rares Esprits:

Vainqueur de tout le Monde, il n'auoit qu'vn Virgille;
Et si vous le voulez, vous en trouuerez mille;
Mais il ne faut auoir, ny froideur, ny mépris.

L

SONNET.

Aux mesmes.

Rinces, ne pensez pas, si ie vous importune,
Que mon propre interest, m'oblige à ce discours:
Ie songe à vostre gloire, & non à ma fortune,
La verité me plaist, & ie la dis tousiours.

I'esproüe incessamment, la fureur de Neptune;
Et mon Astre malin, n'acheue point son cours:
Mais si pour m'affliger, sa rage est peu commune,
En ma seule vertu, ie cherche du secours.

Prés du Tombeau d'Armand, les fieres Destinées,
Ont borné mon espoir, & mes tristes années;
Là, ie reuoy tousiours, les faueurs qu'il me fit:

L'on me rend auiourd'huy, son bien-fait inutile;
Mais comme mon esprit, n'est ny bas, ny seruile,
Ie l'aimois; il m'aimoit; & cela me suffit.

SONNET.

Pour Mr le Chancelier.

Tout parle de Seguier, & tu t'en voudrois taire,
Muse, qui sçais parler des Princes & des Rois!
Occupe noblement les charmes de ta voix;
Et sans plus differer, trouue l'art de luy plaire.

Son renom va par tout, où le Soleil esclaire;
Les vices sous ses pieds, paroissent aux abois;
Il est l'appuy du Sceptre, & l'appuy de nos Loix;
Et des hautes vertus, le parfait Exemplaire.

Son ame incorruptible, est en toute saison,
Le Modelle accompli, de la droite raison;
Sa prudence est vn Linx, & n'est iamais trompée:

Il est l'amour des bons; l'effroy des Ennemis;
Et l'on vit employer, par la mesme Themis,
Moins equitablement, la Balence, & l'Espée.

SONNET.

La Gloire, à Mr le Duc de Richelieu.

Viens à moy, viens à moy, ieune & vaillãt Alcide,
Qui ne t'eſtonnes point, pour les difficultez :
Ce qui ſeroit faſcheux pour vne ame timide,
Pour vn cœur genereux, n'a que des voluptez.

Vois marcher deuant toy, la Vertu qui te guide,
Aux ſuperbes Sommets, des Heros frequentez;
Et qui ſur ces Sommets, où la Gloire reſide,
Te monſtre des Lauriers, qu'elle meſme a plantez.

De ſon Temple fameux, le chemin eſt penible;
Il faut vne ame ferme; vn courage inuincible;
Pour eſperer de voir vn obiet ſi charmant.

Suy donc le mouuement, de l'ardeur qui te bruſle;
C'eſt l'illuſtre Sentier, que prit le Grand Hercule;
Et pour te dire plus, que prit le Grand Armand.

SONNET.

Au mesme, sur son Combat naual.

JE te l'auois predit, ieune & vaillant Alcide,
Que tu vaincrois bientost, les ennemis du Roy;
Et lors que i'en parlois, le Dieu parlant en moy,
Ie ne m'égaray pas, ayant vn si bon Guide.

Te voila Triomphant; & l'Espagnol timide,
Au fond de ses Vaisseaux, va cacher son effroy:
Il te cede; il s'enfuit; il s'esloigne de toy;
Et l'on void ses débris, sur la Campagne humide.

O trois fois Grand Armand, qui regnes dãs les Cieux,
Des choses de là haut, détourne vn peu les yeux;
Et sans troubler ta paix, considere la guerre:

Vois ce ieune Heros, paroistre au premier rang,
Et digne de ton Nom; & digne de ton Sang;
Faisant voller sa gloire, aux deux bouts de la Terre.

SONNET.

Pour Madame d'Auaugour, sur son Mariage.

Superbes Conquerans, vrais foudres de la guerre,
Qui par mille desseins, & mille exploits diuers,
Vous rendez à la fin, l'effroy de l'Vniuers,
Et rendez vostre Nom, plus craint que le Tonnerre.

Montez sur des Ramparts ; brisez comme du verre,
Et le bronze, & le fer, pour meriter nos Vers ;
Et le front couronné, des Lauriers les plus vers,
Paroissez sur vn Char, les Maistres de la Terre.

En ce pompeux estat, la noble ambition,
Qui fut l'vnique obiet, de vostre passion,
Trouuera pleinement, à remplir son attente :

Mais, inuincibles Cœurs, ne soyez point ialoux,
Si ie dis qu'vn Captif, qui captiue Amaranthe,
Passe tous vos Labeurs, & gagne plus que vous.

SONNET.

A Mlle de Rambouïllet, sur sa Peinture.

IE cede à mon Ami, la gloire & l'auantage,
De mettre en ce Portrait, les charmes de vos yeux:
Qu'il prenne, s'il le peut, son Azur dans les Cieux;
Et qu'il peigne l'Aurore, en vostre beau visage.

Ie consents que sa main, mette tout en vsage;
La beauté des Mortels; la Maiesté des Dieux:
Et qu'il égalle Apelle, ou face encore mieux;
Pour rendre son Tableau, l'ornement de nostre âge.

Ie veux qu'il soit vn Aigle, à des obiets si beaux;
Que l'Art & la raison, conduisent ses Pinceaux;
Et que de leur Cinabre, il sorte de la flame:

I'aprouue son dessein; i'aprouue ses efforts;
Mais quand il aura peint, les graces d'vn beau corps;
Ie veux peindre à mon tour, les beautez de vostre ame.

SONNET.

A Mlle de Clermont d'Antragues.

Voir de la douceur, auec de la beauté;
Auoir l'esprit adroit, & pourtant sans finesse;
Auoir le iugement, plein de solidité;
Auoir beaucoup de bien, & beaucoup de Noblesse.

Estre illustre en vertus, comme en la qualité;
Estre d'humeur égalle, & tousiours sans foiblesse;
Faire profession, de haute Pieté;
De modeste pudeur, & d'exacte sagesse.

Toutes ces qualitez, que l'on remarque en vous,
Feront vn Demy-Dieu, du bien-heureux Espoux,
Que la bonne fortune apelle à cette gloire:

Mais quel de nos Heros, a droit de meriter,
Le Triomphe esclatant, qui suiura sa victoire,
Quand il seroit sorti du sang de Iupiter?

SONNET.

Pour la mesme. Apollon Berger.

Vel est ce beau Pasteur, qui dessous ces Ormeaux,
Fait retentir les Bois, du son de sa Musette?
Et qui tel que ce Dieu, qui fut Berger d'Admette,
A le teint aussi blanc, que le sont ses Aigneaux?

A grosses boucles d'or, ses cheueux longs & beaux,
Tombent negligemment, le long de sa Houlette;
Il soupire; il se pleint; & sa douleur secrette,
Laisse errer à leur gré, ses innocens Troupeaux.

Ha ie le reconnoy! c'est Apollon luy mesme;
Qui pour suiure les pas, de la Nimphe qu'il aime,
Abandonne le soin, d'éclairer l'Vniuers:

De sa belle Maistresse, il fait son Escolliere;
Il luy remplit l'esprit, d'esclat & de lumiere;
Il luy conduit la main, & luy dicte ses Vers.

SONNET.

Pour feu Mr le Marquis de Pisani.

UN Char couuert de noir, & couuert de Trophées,
Superbe Monument, de la Mort & de Mars;
Esgalle ce Cercueil, au Cercueil des Cesars;
Faisant pleurer la France, & chanter cent Orphées.

Par vn si Grand Obiet, nos ames échauffées,
Voudroient la mesme gloire, & les mesmes hasars:
Les Armes des vaincus, brillant de toutes parts,
De Palmes, de Lauriers, richement estoffées.

La Mere toutefois, de cét illustre Mort,
Se pleint égallement, & du Ciel; & du Sort;
Et cent mille soupirs, arrestent sa parole:

Mais puis que son fils meurt, ainsi qu'il a vescu,
Il ne faut pas douter, qu'elle ne se console,
Sçachant qu'elle est Romaine, & qu'il auoit vaincu.

SONNET.

Sur la mort de M^e des Loges.

Mille fameux Captifs, qu'on n'a point combatus,
Pouſſent iuſques au Ciel, des Himnes de victoire;
Et couurant de Lauriers, la Sepulture noire,
Monſtrẽt l'heur d'Vranie, & les maux qu'ils ont eus.

Les Muſes en pleurant, nous chantent ſes vertus;
Tout le Parnaſſe en deüil, nous parle de ſa gloire;
Et les doctes Concerts, des filles de Memoire,
Nous font voir ſous ſes pieds, les vices abatus.

L'vne dit hautement, qu'on n'a rien veû de tel;
L'autre de ſon Tombeau, luy baſtit vn Autel;
L'autre ſur cét Autel, aporte des Offrandes:

O merueilleux bon-heur, qu'elle auoit merité!
Les ombres du Tombeau, font ſes clartez plus grandes;
Et ſa mort la conduit, à l'immortalité.

SONNET.

A deux celebres Autheurs, sur la mort de Mᵉ d'Harambures.

Vous Peintres fameux, qui taschez auiourd'huy,
De nous representer, les beautez d'Amarante:
Vous dont l'Art immortel, peint la vertu mourante,
Et la peint toutefois sur le raport d'autruy.

Vostre illustre labeur, & seul semblable à luy,
Fait reuoir à Daphnis, l'ombre de sa Parente:
Et la bouche enuieuse, & la bouche ignorante,
Respectent les Tableaux, qui charment son ennuy.

Mais ne vous flatez pas, dans vostre vanité,
Du superbe penser, d'auoir bien imité,
Cette Nimphe des Cieux, pour qui Daphnis soupire:

Vous auez beaucoup dit ; vous auez beaucoup fait ;
Et cependant encore, elle estoit en effet,
Plus que vous n'auez dit, & plus qu'on ne peut dire.

SONNET.

A Mlle de Scudery.

Vous que toute la France, estime auec raison,
Vnique & chere Sœur, que i'honore, & que i'aime:
Vous de qui le bon sens, est vn Contre-poison,
Qui me sauue souuent, dans vn peril extréme.

Le mal-heur qui m'accable, est sans comparaison;
Mais ce qui me soustient, le paroist tout de mesme:
Et parmi les débris, de toute ma Maison,
Ie voy tousiours debout, vostre vertu supréme.

I'admire cét Esprit, qui se fait admirer;
Cét Esprit lumineux, qui peut tout esclairer;
Et qui brille en tout temps, d'vne si viue flame:

Ce Prodige estonnant, a de l' nouueauté;
Mais bien que cét Esprit, soit rare en sa beauté,
I'admire encore plus, la beauté de vostre ame.

SONNET.

Sur la mort du Grand Cardinal de Richelieu.

Muses, retirez vous, aux Sommets du Parnasse;
Pleurez y vostre perte, & n'en descendez plus:
Quittez; rompez; brisez; vos Lires & vos Luts;
Et de larmes de sang, pleignez vostre disgrace.

Arrachez vos cheueux; déchirez vous la face;
Esclatez dans vos Bois, par mille cris aigus;
Et d'vne ame troublée, & d'vn esprit confus,
Imitez la fureur, des Bacchantes de Thrace.

Laissez (dis-ie) flaistrir, vos Lauriers les plus vers;
Refusez mesme aux Dieux, & vos chants, & vos vers;
Et de torrents de pleurs, troublez l'eau d'Hipochrene:

Accusez la Nature; iniuriez le Sort;
Que la Terre & le Ciel, vous donnent de la haine;
Car enfin le diray-ie? Helas! Armand est mort.

SONNET.

Sur le mesme suiet.

Vel est ce Grand Tōbeau, tout couuert de Trophées;
De Palmes; de Lauriers; de Drapeaux; d'Estādars?
Superbes ornements, de Minerue & de Mars,
Qu'enuironnent par tout, tant de sçauans Orphées.

L'on voit en diuers lieux, des Troupes estouffées,
Exprimer la terreur, dans leurs tristes regards:
Et sur ce grand Cercueil, pendre de toutes parts,
Les despoüilles des Rois, richement estoffées.

L'Honneur, & la Vertu, s'y monstrent à nos yeux;
La Renommée y volle, en s'esleuant aux Cieux;
L'on voit vne Couronne, aux mains de la Victoire:

Tout brille; tout éclatte, en ce superbe lieu;
Il n'en faut point douter, veü ces marques de gloire,
C'est le Tombeau d'Armand, ou le Temple d'vn Dieu.

SONNET.

Le dégoust du Monde.

I'Ay vieilli dãs la Cour ; i'ay pratiqué les Princes ;
I'ay connu Richelieu ; i'en fus mesme estimé ;
Et dans la belle ardeur, dont i'estois animé,
L'Europe m'a connu, dans toutes ses Prouinces.

Pour moy plus d'vne fois, le danger eut des charmes ;
Et dans mille combats, ie fus tout hasarder :
L'on me vit obeïr ; l'on me vit commander ;
Et mon poil tout poudreux, a blanchi sous les armes.

Il est peu de beaux Arts, où ie ne fusse instruit ;
En prose comme en vers, mon Nom fit quelque bruit ;
Et par plus d'vn chemin, ie paruins à la gloire :

Mais mon Astre malin, n'a point changé de lieu ;
O Cour, trompeuse Cour, funeste à ma memoire,
Ie te diray bien tost, vn eternel adieu.

SONNET.

Contre la Grandeur Mondaine.

Vperbes Ornemens, des Maistres de la Terre;
Sceptres, de qui l'esclat esbloüit tous les yeux;
Couronnes, qui brillez, comme l'Astre des Cieux;
Maiesté redoutée, autant que le Tonnerre.

Rois, qui pouuez donner, ou la paix, ou la guerre;
Monarques Souuerains, autant que glorieux:
Hommes mortels, enfin, qui passez pour des Dieux;
Et qui faites les fiers, sur des Throsnes de verre.

Toute vostre puissance, est vne vanité;
Les debiles roseaux, ont plus de fermeté,
Que le faste orgueilleux, de toute vostre pompe:

En vain vous me charmez, par des obiets si beaux;
Car sans vous regarder, sous le Dais qui nous trompe,
Ie veux vous aller voir, au creux de vos Tombeaux.

SONNET.

Sur le mesme suiet.

Ie la voy, ie la voy, cette sombre poussiere,
Qui brilloit autrefois, iusqu'à nous éblouïr :
L'Vrne qui la contient, n'est desia plus entiere,
Et toute sa splendeur s'en va s'éuanoüir.

Flateur de ce Roy mort, regarde en cette Biere,
Celuy qui ne sçauroit, ny te voir, ny t'oüir :
Ce Limon qui retourne en sa forme premiere,
Au milieu des thresors, dont il n'a pû ioüir.

Voila donc le destin, de la Grandeur mortelle !
Nous la vismes superbe, & nous la voyons telle !
Elle auoit des Suiets, elle est suiette aux vers !

O Rois, que les Lauriers ne sauuent point du foudre,
En vain par vostre bras, vous domptez l'Vniuers ;
Car apres tout cela, vous n'estes rien que poudre.

SONNET.
Sur le mesme suiet.

A Dieu seul apartient, & l'honneur, & la gloire;
A luy qui vit tousiours, & qui ne meurt iamais:
A ce Vainqueur des Temps, qui donne la victoire;
Et qui tient en ses mains, & la guerre, & la paix.

O Monarque eternel, regne dans ma memoire,
Toy que nous connoissons, par de si grands effets:
Et punis rudement, mon ame ingratte & noire,
Si cette ame aueuglée, oublioit tes bien-faits.

Elle sçait que la Gloire, est ton seul heritage;
Que ta iuste equité, n'y veut point de partage;
Et que le Dieu tout bon, est aussi Dieu ialoux:

Venez luy rendre hommage, ô fertiles Prouinces;
Aportez vos tributs, Republiques, & Princes;
Peuples accourez y : màis Rois, abaissez vous.

SONNET.

A la France.

Peuples, qui gemiſſez ſous le fais des miſeres,
Et qui dans vos Maiſons en eſtes accablez;
Vous que l'on voit punis, des crimes de vos Peres,
Ces crimes odieux, aux voſtres aſſemblez.

Lors que vous murmurez, de ces peines legeres;
Et lors que la tempeſte, a rauagé vos blez;
Leuez vos yeux en pleurs, vers les Celeſtes Spheres,
Pour redonner le calme, à vos eſprits troublez.

Non Peuples, dans les maux qui vous liurẽt la guerre,
Ne tournez point les yeux, du coſté de la Terre;
Car ce n'eſt point de là, que viendra le ſecours:

Dieu ſeul ſera l'appuy, de voſtre ame timide;
Et ſi l'Aſtre malin, doit acheuer ſon cours,
Il ſe faut adreſſer, à celuy qui le guide.

SONNET.

Fait à la Ste Baume, pour Ste Magdelaine.

Cy fut autre fois, vne Amante fidelle,
Qui parmi ces rochers, fit des torrents de pleurs,
Qui de son beau visage, emportoient plus de fleurs,
Que n'en produit la Terre, en la Saison nouuelle.

Dans vn Antre si froid, vne flame eternelle,
S'exhaloit de son ame, en pleignant ses mal-heurs ;
Et dans le sentiment de ses viues douleurs,
Les Anges la voyoient aussi triste que belle.

L'Echo de cette Grotte, en imitant sa voix,
Soupiroit apres elle, & redisoit aux Bois,
L'excés de son amour, comme de son martire :

Anges, Bois, & Rochers, tesmoins de cette amour,
Redittes nous encor, ce que ie ne puis dire ;
Afin que nostre cœur, y responde à son tour.

ODE
SVR L'IMMACVLEE CONCEPTION DE LA VIERGE.

MVSES, il se faut resoudre,
D'estonner tout l'Vniuers;
Et de faire par nos Vers,
Autant de bruit que la foudre.
PRINCE, veüillez consentir,
Qu'en l'Ode que ie vous donne,
Ie la face retentir;
Vous auez vne Couronne,
Qui vous en peut garantir.

*Lors que le bruit du Tonnerre,
Esclatte parmi les airs;
Et que le feu des Esclairs,
S'élance contre la Terre:
Elle tremble, & tout fremit,
Ainsi que les ondes molles;
En vain son poids l'affermit;
Comme elle tremblent les Poles,
Et la Nature en gemit.*

*Mais de quelque violence,
Qu'elle rauage en tous lieux,
Vn Arbre cheri des Cieux,
Corrige son insolence.
Le Cedre en meurt le premier;
La Palme en baisse la teste:
Mais en faueur du Guerrier;
Mais en faueur du Poëte;
Elle espargne le Laurier.*

O l'excellente Peinture!
Nous sommes Arbres, touchez
De la foudre des pechez,
Qui rauagent la Nature.
Tout n'est qu'imperfection;
Rien icy bas n'y resiste:
Mais en sa Conception,
La Vierge seule subsiste,
Malgré la corruption.

ODE

ODE
A MADAME LA COMTESSE D'HARCOVRT,
faite à vn premier iour de l'An,
pour vn Ami de l'Autheur.

Illustre & belle Princesse,
Ie ne dois rien esperer,
Si tu veux considerer,
Ta Grandeur, & ma bassesse;
Mais pourueu que ta bonté,
Connoisse ma volonté,
Ma main suiura la coustume :
Et t'offrira sans effroy,
Les Estrennes d'vne Plume,
Qui n'est pas digne de toy.

Pour m'aquitter d'vn hommage,
Qui m'honnore en le faisant;
Et pour faire vn beau presant,
Ie t'offrirois ton Image:
Mille celestes beautez;
Mille rares qualitez;
Estonneroient la Nature:
Mais mes pensers combatus,
N'osent t'offrir en peinture,
Tes beautez, ny tes vertus.

Non, ma Plume est diuertie,
D'entreprendre ces Portraits;
Car si ie voy tes attraits,
Ie connois ta modestie.
Que pourras tu donc souffrir ?
Et que te pourray-ie offrir,
Si ton merite te blesse ?
Quel obiet te sera doux ?
Ce sera Grande Princesse,
Le Portrait de ton Espoux.

Mais Dieu, que veux-ie entreprendre,
Auec si peu de pouuoir ?
Suy-ie vn Apelle en sçauoir,
Pour peindre cét Alexandre ?
Où prendray-ie vne couleur,
Qui marque cette valeur,
Dont tout l'Vniuers s'estonne ?
Et de quel fameux Laurier,
Dois-ie former la Couronne,
Que merite ce Guerrier ?

Sur quelles hautes pensées,
Seront ces Tableaux tracez ?
Combien d'hommes renuersez !
Combien d'Enseignes froissées !
Combien d'Ennemis fuiront !
Combien de Soldats mourront,
Sur le Champ qu'on leur fait mordre !
Et combien rempli de cœur,
Dans ce grand & beau desordre,
Se fera voir ce vainqueur !

Iamais aux riues du Xanthe,
L'illustre enfant de Thetis,
Les Troyens estans sortis,
N'eut vne main si puissante:
Non pas mesme quand Hector,
Tout couuert d'acier & d'or,
vit la derniere meslée:
Et que malgré son effort,
Ce vaillant fils de Pelée,
Fut immortel par sa mort.

O que cét Esprit sublime,
Qui fait trembler tant de Rois,
En faisant pour toy ce choix,
A fait vn choix legitime!
Que ce merueilleux Esprit,
Fit voir au dessein qu'il prit,
Sa prudence manifeste!
Car en ce iuste desir,
Parmi la Troupe celeste,
Il n'auroit pû mieux choisir.

Le Pô qui sur son riuage,
Void les faits du Grand Harcourt,
Ne marche pas, mais il court,
Pour publier son courage.
Il a veû ces Rodomons,
Auec l'orgueil des Demons,
En auoir la destinée :
Et dans cette égalité,
Par leur cheutte infortunée,
Marquer leur temerité.

Il a veû comme vn Tonnerre,
Malgré leurs Retranchements,
Fondre sur leurs Regiments,
Harcourt ce foudre de guerre.
Il l'a veû deuant Casal,
Par vn effort sans égal,
Immortaliser sa gloire :
Et Turin vient de le voir,
Couronné par la Victoire,
Le remettre à son deuoir.

La plus superbe des Villes,
Que les Grecs mirent à bas,
N'a iamais veû de combats,
Pareils à ceux de nos Isles.
Ce fut là que nostre Mars,
En méprisant les hazars,
Fut le premier aux aproches :
Ce fut là que ce Heros,
Fit en renuersant des Roches,
Ce que n'auoient pû les flots.

Enfin dans quelque entreprise,
Où l'honneur puisse engager,
Il n'est trauail ny danger,
Que sa valeur ne méprise.
Cher Obiet de son amour,
Mon Pinceau pretend vn iour,
Si le Destin le seconde;
Tracer vn Tableau pour toy,
De la Conqueste du Monde,
Faite par luy, pour son Roy.

Princesse lors que sa gloire,
Paroistra sur ce sommet,
Mon adresse te promet,
D'éterniser sa memoire.
La grandeur de mon suiet ;
La beauté de mon obiet ;
Ont de puissantes amorces ;
Mon cœur cede à leurs appas ;
Et si ie manque de forces,
Ce cœur ne manquera pas.

Puisse comme ie l'espere,
Cét Alcide Triomphant,
L'Hidre Espagnolle estouffant,
Reuenir, & se voir Pere.
Puisse tousiours ta beauté,
Tenir le cœur enchanté,
D'vn Heros incomparable :
Puisse arriuer tout ainsi ;
Et puisse t'estre agreable,
L'Ode que ie t'offre icy.

LES MVSES.
ODE
A MONSIEVR L'ABBE' de Richelieu.

Imable & ieune Erotime,
De qui les charmes puiſſans,
Gagnent l'amour & l'eſtime,
Des yeux les plus connoiſſans.
Obiet de noſtre merueille,
Preſte le cœur & l'oreille,
Aux doux accens de ma voix :
Car ſi ta bonté m'eſcoute,
Tu ne feras rien ſans doute,
Qu'Armand n'ait fait autrefois.

Armand

Armand le plus Grand des hommes;
Armand mis entre les Dieux;
Qui de la Terre où nous sommes,
Porta son Nom dans les Cieux.
Ce Heros incomparable,
D'vne oreille fauorable,
Daigna cent fois m'escouter:
Et cent fois ce Grand Genie,
Prit plaisir à l'harmonie,
Dont il m'entendit chanter.

Imite ce Grand Exemple,
Si digne d'estre imité:
Et ie te promets vn Temple,
D'vne immense eternité.
Sans t'amuser dauantage,
Considere cét Ouurage;
Vois quel est son grand Suiet;
Conserues en la memoire;
Et souuiens toy que ta gloire,
Est icy mon seul obiet.

P

Assez prés de cette ville,
Qu'admire tout l'Vniuers,
L'on voit vn Païs fertile,
Où les Champs sont tousiours vers.
L'Art ioint auec la Nature,
D'vne eternelle peinture,
Orne ce lieu si vanté :
Et iamais le froid Borée,
N'a pû se donner entrée,
Dans ce seiour enchanté.

La Perspectiue sçauante,
Y trompe l'œil curieux :
Et Rome estant Triomphante,
N'eut point d'Arc plus glorieux :
De cent superbes Statuës,
Toutes richement vestuës,
Vn Palais est decoré :
Et les Phrises ; les Corniches ;
Et les Festons ; & les Niches ;
Vont iusqu'au Lambris doré.

Les Arbres hauts & superbes,
Y couurent de leurs rameaux,
L'humide fraischeur des herbes,
Qui les rend, & grands, & beaux.
Sous l'espace de leurs ombres,
Des Promenoirs vers & sombres,
Font vn Obiet sans pareil :
Mais vn Obiet solitaire,
Qui dans l'heure la plus claire,
N'est iamais veû du Soleil.

L'Esmeraude à l'or meslée,
Brille sur les Orangers ;
Et leur beauté signalée,
Estonne les Estrangers.
De leur fleur blanche & parfaite,
L'agreable Cassolette,
Y charme encor vn des sens :
Et par cette fleur vantée,
L'ame se trouue enchantée,
De ces plaisirs innocens.

Vn grand & vaste Parterre,
A longs plis entrelassez,
Sur la face de la Terre,
Forme cent tours compassez.
Là, le Triangle, & l'Ouale;
Les Quarrez à face égale;
Et les Cercles arrondis;
Font vn obiet agreable,
Au Dedale comparable,
Que la Crette auoit iadis.

Là, mille fleurs émaillées,
Mais des plus viues couleurs;
Sont sur leurs tiges moüillées,
Des Astres, & non des Fleurs.
La Tulipe variante;
Et l'Anemone riante;
Le Narcisse en sa beauté;
L'Oeillet; les Lis; & les Roses;
Et cent autres belles choses,
En font la diuersité.

Vne Grotte riche & rare,
Prés de là charme les yeux ;
Et plus d'vn Climat Barbare,
A trauaillé pour ces lieux.
La Topase ; l'Amethiste ;
Le Iaspe à la couleur triste ;
Les Coquilles ; le Cristal ;
La Nacre ; & l'Ambre superbe ;
Sur ces Rochers au lieu d'herbe,
Ont des Branches de Coral.

Là, mille, & mille Nayades,
Parmi des obiets si beaux,
Laissent tomber en Cascades,
Le mobile argent des eaux.
Par des forces inconnuës,
Cent iects vont iusques aux Nuës,
Et retombent en bruyant :
L'escume blanchit leurs ondes ;
Et ces Nimphes vagabondes,
Bondissent en tournoyant.

Icy ce Ruisseau murmure;
Icy cét autre s'endort:
Sa Glace tranquile & pure,
Reçoit l'image du bord.
Comme vne Mer pacifique,
Vn grand Rondeau magnifique,
A ses flots tousiours vnis:
Et sa maiesté charmante,
Donne par son eau dormante,
Mille plaisirs infinis.

Là, les Poissons & les Cignes,
Nagent en mille façons;
Et iamais fleches, ny lignes,
N'ont pris Cignes ny Poissons.
Les vns bondissent de ioye;
Et de peur qu'on ne les voye,
Ils replongent fort souuent:
Les autres d'vn air plus graue,
Mettent sur l'eau qui les laue,
Leurs blanches voilles au vent.

Près de là cent verds Bocages,
Bordent cent plaisants Ruisseaux,
Où l'on entend les ramages,
De mille, & de mille Oyseaux.
L'vn gemit ; l'autre soupire ;
Et l'autre semble sous-rire ;
L'vn esclatte en ce Desert ;
L'autre a la voix moderée ;
Et l'Amante de Terée,
Est l'ame de ce Concert.

Dans ce beau seiour des Graces,
Est vn Promenoir charmant,
Qui garde encore les traces,
Des pas du diuin Armand.
Ce fut dans la sombre Allée,
Du iour la plus recullée,
Et sous ces feüillages vers ;
Que cét homme incomparable,
Prit le dessein memorable,
D'affranchir tout l'Vniuers.

Ce fut à la mesme place,
Apres son triste trespas,
Que pour pleurer sa disgrace,
Son Neueu porta ses pas.
Mais à peine d'Erotime,
La douleur si legitime,
Poussa ses premiers accens;
Qu'vn obiect rempli de gloire,
Vint dissiper l'humeur noire,
Qui s'emparoit de ses sens.

❦

Cent rayons d'or parmi l'ombre,
Brillerent de toutes parts;
Qui dans ce lieu frais & sombre,
Esbloüirent ses regards.
Dans cette viue lumiere,
Pallas fit voir la premiere,
Les charmes de sa beauté:
Et dés qu'on la vit paroistre,
L'Ægide la fit connoistre,
Et plus encor sa fierté.

Le Dieu

Le Dieu que Dellos admire,
Marche à cofté de Pallas;
L'Arc, le Carquois, & la Lire,
Font que l'on n'en doute pas.
Dans cette rare auanture,
L'on vit encore Mercure,
Suiure Apollon en ce lieu:
Et quand la peur fut paffée,
Ses Aifles, fon Caducée,
Firent connoiftre ce Dieu.

A peine abaiffant ces Aifles,
Eut-il changé d'Element,
Que les neuf doctes Pucelles,
Parurent en ce moment.
De fleurs elles font ornées;
Leurs teftes font couronnées,
De Palmes & de Lauriers:
De ces mefmes qu'elles donnent,
Quand leurs belles mains couronnent,
Les Sçauants, & les Guerriers.

Comme vne ieune Bergere,
Croyant voir vn grand Serpent,
Fuit d'vne course legere,
Ce hideux Monstre rampant.
Mais quand elle est eschapée,
Voyant qu'vn Tronc l'a trompée,
Et qu'elle n'a point de mal;
Elle admire la Nature,
Dans l'agreable peinture,
De ce terrible Animal.

Tel fut l'aimable Erotime,
Dans l'esclat qui le surprit;
Lors qu'vn effroy legitime,
S'empara de son esprit.
D'abord de ces Dieux visibles,
Les rayons luy sont nuisibles;
Il en abaisse les yeux:
Mais son ame grande & forte,
Apres de la mesme sorte,
Prend plaisir à voir ces Dieux.

❊

O toy (luy dit la Guerriere)
Dont les sens sont abatus;
Laisse Armand dans sa lumiere,
Mais imite ses vertus.
Vois (dit le fils de Latone)
Comment il sauua le Thrône,
A ses iustes possesseurs:
Pour auoir son auanture,
(Dit lors l'eloquent Mercure)
Escoute ces doctes Sœurs.

❊

A ces mots, Clio s'auance,
Vn Volume sous le bras;
Interrompant le silence,
D'vn ton de voix plein d'apas.
Si tu pretens à la gloire,
(Dit-elle) c'est à l'Histoire,
A te la pouuoir donner:
Et ce n'est que par ce Liure,
Qu'vn Heros peut tousiours viure,
Et qu'il se voit couronner.

❊

Qui veut meriter des Temples,
Doit bien escouter sa voix :
Elle est par ses Grands Exemples,
La seule Escolle des Rois.
Les desordres des Prouinces ;
Les bons & les mauuais Princes,
Instruisent vtilement :
Et ces Maistres de la Terre,
Dans la paix & dans la guerre,
Conseillent seuls sagement.

Qui peut voir dans mes Volumes,
Les faits du Grand Richelieu,
Dont tant de sçauantes Plumes,
Ont fait vn Grand Demi-Dieu ?
Sans sentir son ame éprise,
De tenter vne entreprise,
Qui l'a porté dans les Cieux :
Et quelle ame est assez basse,
Pour blasmer la belle audace,
Qui l'a rendu glorieux ?

*Ce n'est que par les Chroniques,
Que l'on triomphe du Temps;
Luy dont les mains tiranniques,
Abatent les plus constans.
Mais quand la gloire est grauée,
Dans vne Histoire acheuée,
O qu'elle a de fermeté!
Quiconque y trouue vne place,
Couurant de splendeur sa Race,
Bastit pour l'Eternité.*

*Aime donc cette Immortelle,
Qui rend les Noms immortels;
Et rends ta vie assez belle,
Pour meriter ses Autels.
Vois les faits de ces Grands Hommes,
Qui iusqu'au Siecle où nous sommes,
Ont porté leur souuenir:
Et conçois la noble enuie,
De cette seconde vie,
Qui ne peut iamais finir.*

Elle en eust dit dauantage,
Mais Euterpe s'auança,
Qui d'vn eloquent langage,
La fit taire, & commença.
Dans ses hautes connoissances,
Cette Muse a des Balences,
Pour le bon, & pour le beau :
Et pour regler la Nature,
Auec poids, nombre, & mesure,
Elle tient vn clair flambeau.

Heros aussi Grand qu'aimable,
(Luy dit-elle en ce moment)
Qui veut estre raisonnable,
S'adresse à moy seulement.
La seule Dialectique,
Et l'espineuse Logique,
Sçauent l'Art de raisonner :
C'est par moy que l'on commence ;
I'ay la Clef de la Science,
Et ie te la puis donner.

Par moy l'ame illuminée,
Perce les obscuritez;
Se voit mieux determinée;
Et connoist les veritez.
Des premieres connoissances,
Ie tire des consequences,
Qui ne me trompent iamais:
Ie distingue; i'examine;
Et vois iusqu'en leur racine,
Les Causes & les Effets.

Mais quand ma main liberalle,
T'aura fait ces beaux presens;
I'adiousteray la Morale,
Pour regler tes ieunes ans.
Alors par mon industrie,
Ce qu'on doit à la Patrie,
Sera mieux connu de toy:
Ce qu'on doit au Diadesme;
Ce qu'on se doit à soy mesme;
Et ce qu'on doit à la Loy.

De là, vers la Politique,
I'esleueray ta raison;
Elle dont l'Art magnifique,
N'a point de comparaison.
Tu connoistras les Prouinces;
Et les interests des Princes;
Les ruses des Potentats;
Les conseils de leurs Ministres;
Et les accidents sinistres,
Qui renuersent les Estats.

Mais pour tant de grandes choses,
Heros aimable & charmant,
Ie veux que tu te proposes,
Le seul exemple d'Armand.
Ce rare & merueilleux Homme,
Sçeut mieux qu'Athenes & Rome,
Ce que ie veux t'enseigner:
Et quand tu voudras paraistre,
Ne cherche point d'autre Maistre,
Pour sçauoir l'Art de regner.

Sa harangue estant finie,
L'on oüit vne autre voix;
Et la Celeste Vranie,
En fit retentir ces Bois.
D'Azur & d'Or est sa robe;
En sa main gauche est vn Globe,
Et des Terres & des Mers :
En sa droite est vne Sphere,
Où l'Astre du iour esclaire,
Et mille autres feux diuers.

C'est par la Metaphisique,
(Dit-elle en parlant à luy)
Que le desir qui te pique,
Peut s'assouuir auiourd'huy.
Son discours plein de lumiere,
Iusqu'à la Cause premiere,
Esleuera ta raison :
Et luy rendra plus sensible,
De son Throsne inaccessible,
L'esclat sans comparaison.

De l'Estre qui fit tout Estre,
Ie t'aprendray la Grandeur;
Et ie te feray connoistre,
Son immortelle splendeur.
Ma voix te fera comprendre,
Quel respect on luy doit rendre;
Quelle est son immensité :
Et dans ta forte memoire,
I'imprimeray de sa gloire,
L'importante verité.

Ie t'apprendray quelle ioye,
Goustent apres leur trespas,
Ceux qui dans la bonne voye,
Ont tousiours conduit leurs pas.
Ie t'apprendray quelles peines;
Quels tourmens; & quelles gesnes;
Les méchans ont aux Enfers :
Leurs vertus, comme leurs vices;
Leurs plaisirs, & leurs suplices;
Leurs Couronnes, & leurs fers.

Des hautes Intelligences,
Qui font mouuoir tous les Cieux,
Ie t'aprendray les puiſſances,
Et l'office glorieux.
Ie te feray la peinture,
De l'inuiſible nature,
Des bons & mauuais Demons:
Tu ſçauras qu'ils obeïſſent;
Tu ſçauras comme ils agiſſent;
Leur lieu; leur nombre; & leurs noms.

Apres, comme en la Muſique,
Deſcendant vn peu plus bas;
De l'admirable Phiſique,
Ie t'offriray les appas.
Si tu veux ſuiure ma regle,
Ie te feray comme vne Aigle,
Voir fixement le Soleil:
Et par ce Globe de flame,
I'illumineray ton ame,
De ſon eſclat ſans pareil.

R ij

Tu sçauras de quelle sorte,
Cette ame de l'Vniuers,
Paroist plus foible & plus forte,
Les Estez, & les Hiuers.
Tu sçauras par quelle voye,
Cét Astre puissant enuoye,
Les effets de son pouuoir :
Comme il colore les Roses ;
Comme il forme toutes choses ;
Comme il voit, & fait tout voir.

Tu sçauras comme la Lune,
Brille de feux empruntez ;
Sa foiblesse estant commune,
A toutes autres clartez.
Tu sçauras ce qui la cache,
Lors qu'vne funeste tache,
Eclipse ses feux là haut :
Et ie t'apprendray de mesme,
Comment la clarté supréme,
Souffre le mesme deffaut.

Ie t'aprendray quel obstacle,
Forme la nuit & le iour;
Et par quel rare miracle,
L'vne & l'autre fait son tour.
Les Astres, & leurs cadences;
Leurs diuerses influences;
Et leur diuers mouuement:
Toutes leurs vertus secrettes;
Les Signes & les Planettes;
Et les feux du Firmament.

De là, d'vn cours insensible,
Nous fondrons parmi les airs;
Sans craindre l'obiet terrible,
Des foudres, & des esclairs.
Tu verras loin de la Terre,
Comment se fait le Tonnerre;
Et comment tombent ses feux:
Et dans la nuit tenebreuse,
Comment la Comette affreuse,
Monstre ses rouges cheueux.

❊

De la pluye, & de la gresle,
Tu comprendras la raison;
Lors qu'on les voit pesle-mesle,
Dans la plus froide Saison.
Et par vn haut priuilege,
Du blanc amas de la neige,
Tu verras former le corps :
Et des vents, & de l'orage,
Tu pourras voir sans nuage,
L'origine, & les efforts.

De la glace transparante,
Tu connoistras le cristal;
Qui fixe vne Nimphe errante,
Iusques dans son lict natal.
De l'Iris (cette merueille,
Dont la beauté sans pareille,
Estonne l'ame & les yeux ;)
Tu comprendras le meslange,
Et pourquoy cét Arc qui change,
Se courbe comme les Cieux.

*De là, descendant encore,
Iusqu'au terrestre Element,
Où Bachus, Cerés, & Flore,
Ont mis tout leur ornement.
De la masse suspenduë,
La grande & vaste estenduë,
Ie te feray conceuoir :
Et d'vne raison solide,
Tu la verras dans le vuide,
Se balancer sans mouuoir.*

*Depuis le Cedre superbe,
Qui s'éleue fierement,
Iusqu'à la plus petite herbe,
Qui naist, & meurt bassement.
Des Thresors de la Nature,
Ie te feray l'ouuerture ;
Tu les verras descouuers :
Et ta raison bien guidée,
Dans sa grande & haute idée,
Connoistra tout l'Vniuers.*

Les Arbres ; les Fleurs ; les Plantes ;
Les Pierres ; & les Metaux ;
Les Especes differantes,
Des trois sortes d'Animaux.
Des Eaux la source feconde ;
Le flux, & reflux de l'Onde ;
L'Orient, & l'Occident :
Mais dans ce sçauoir supréme,
Tu te connoistras toy mesme,
Si tu veux estre prudent.

Tel parut aux yeux du Monde,
Armand l'obiet de nos Vers ;
Sa connoissance profonde,
Embrassoit tout l'Vniuers.
Rien n'échapoit à sa veuë ;
Et toute cause inconnuë,
Pour luy seul ne l'estoit pas :
Bref, par ses intelligences,
Il fut l'Atlas des Sciences ;
Aussi bien que des Estats.

Polimnie

Polimnie impatiente,
Interrompit lors sa Sœur;
Mais d'vne bouche eloquente,
Et d'vn ton plein de douceur.
Comme vne escorte fidelle,
Les Graces à l'entour d'elle,
Se firent paroistre encor:
Et cette Muse admirable,
Porte en sa main adorable,
Des fleurs, & des chaines d'or.

Connois tu la Rhetorique,
(Dit elle) ô ieune Heros ?
Et sçais tu qu'vn Art Magique,
Paroist en tous ses propos ?
Que de sa douce harmonie,
L'inuisible tirannie,
Regne tousiours sur les cœurs ?
Qu'elle tonne ; qu'elle esclaire ;
Qu'elle appaise la colere ;
Et desarme les Vainqueurs ?

Par elle vn Peuple farouche,
Souuent s'appaiſe, ou s'émeut ;
Bref, vne diſerte bouche,
Fait preſque ce qu'elle veut.
Elle agite & trouble l'ame ;
Elle la glace ou l'enflame,
De diuerſes paßions :
Et d'vn pouuoir legitime,
Cette eloquence ſublime,
Regle ſes affections.

※

C'eſt moy qui te puis aprendre,
L'Art d'émouuoir les Eſprits :
Et qui te feray comprendre,
Et ſa Grandeur, & ſon prix.
C'eſt moy qui du Miel Atique,
Dans vne action publique,
Adouciray ton diſcours :
Et ſur ta bouche ſi belle,
Ie mettray cette Immortelle,
Que Rome adora touſiours.

Armand a fait des miracles,
Par ce grand Art de parler:
Il a forcé des obstacles,
Qui faisoient tout reculler.
La fureur la plus terrible,
De cette Reine inuisible,
A souuent reçeu des loix :
Et souuent par de tels charmes,
La haine a rendu les armes,
Au simple ton de sa voix.

La Muse se teût à peine,
En pensant à s'en aller;
Que la graue Melpomene,
Recommença de parler.
Vn grand éclat l'enuironne;
D'vn Sceptre & d'vne Couronne,
Brillent ses diuines mains :
Qui la peut voir l'idollatre;
Et cette Ame du Theatre,
Peut charmer tous les humains.

Alors d'vne voix hardie,
Et d'vn air Maiestueux,
Estime la Tragedie,
(Dit-elle) Enfant vertueux.
Elle de qui la prudence,
Offre aux yeux la decadence,
De plus d'vn Prince puissant :
Elle qui d'attraits pourueuë,
Par l'oreille & par la veuë,
Instruit en diuertissant.

Par vn Monarque par terre,
Et par vn Throsne abatu ;
Tu verras tousiours en guerre,
La Fortune & la Vertu.
Vn si loüable exercice,
Inspire l'horreur du vice,
Par vn funeste appareil :
D'Armand l'amour fut extréme,
Et tu l'aimeras de mesme,
Si tu suis bien mon conseil.

A ces mots, d'vn pas superbe,
Caliope s'auançant,
Laisse traisner parmi l'herbe,
Son Manteau resplandissant.
Sa main porte vne Trompette,
Esclatante ; haute ; & nette ;
Et des Boucliers ; & des Dards :
Et cette Muse Guerriere,
Aussi belle qu'elle est fiere,
A du feu dans ses regards.

Moy qui d'vn Vers heroïque,
(Dit elle en haussant la voix ;)
Chante d'vn ton magnifique,
Les Demi-Dieux & les Rois.
Ie t'appelle à cette gloire,
D'vne eternelle memoire,
Dont les honneurs sont si grands :
Mais agreable Erotime,
Si tu veux ce rang sublime,
Rends toy digne de mes Chants.

Deuiens l'illuſtre matiere,
D'vn Poëme releué;
Fais qu'en lettres de lumiere,
Ton Nom puiſſe eſtre graué.
Fais (dis-ie) que Caliope,
Te monſtre à toute l'Europe,
Brillant comme vn Demi-Dieu:
Et que l'Europe rauie,
Puiſſe reuoir en ta vie,
La Gloire de Richelieu.

Eraton douce & charmante,
A l'inſtant l'interrompit;
Et cette Muſe galante,
Vint flater vn ieune Eſprit.
Sa main que Parnaſſe admire,
D'or auoit ſa belle Lire;
D'or ſon Archet precieux:
Le plaiſir ſuiuit ſes traces;
L'on vit l'Amour & les Graces,
Sur ſa bouche, & dans ſes yeux.

Rien de violent ne dure,
(Dit-elle auec vn souris ;)
Ie soulage la Nature ;
Ie délasse les Esprits.
Quand par vn trauail trop rude,
La graue & penible estude,
Ta raison accablera ;
Mon Art qui t'est fauorable,
Par vne estude agreable,
Bien tost la restablira.

Le doux Ouide, & Catulle,
S'offrent à te diuertir ;
Mais quoy, Properce, & Tibulle,
N'y veulent pas consentir.
Sapho, la Muse ancienne ;
Cette belle Lesbienne ;
Veut te parler à son tour :
Et ton ame est aduertie,
Qu'elle a de la modestie,
Bien qu'elle ait beaucoup d'amour.

Non, non, la Muse Lirique,
N'a rien de trop dangereux,
Lors que son stile est pudique,
Autant qu'il est amoureux.
Elle n'aide point aux crimes,
Quand des bornes legitimes,
Retiennent sa ieune ardeur :
Et que de lasciues choses,
Ne font point naistre les Roses,
De la modeste pudeur.

Le Grand Heros de ta Race,
Qui fut pur comme les Dieux,
Souffrit quelquefois sa grace,
Sans en détourner les yeux.
Quand des pleintes innocentes,
A des paroles puissantes,
Ne meslent aucun venin :
Il est bon de les entendre,
Car l'ame en deuient plus tendre,
Comme le cœur plus benin.

A ces

A ces mots, de Terpsichore,
L'ont pût entendre la voix;
Et sa main fit voir encore,
Et ses Luts, & ses Hauts-bois.
Suy, dit-elle, l'harmonie,
Dont la douceur infinie,
S'est fait suiure dans l'Enfer:
Rien ne resiste à ses armes;
Elle amollit par ses charmes,
Des cœurs de bronze & de fer.

Par le mouuement des Spheres,
Elle regne dans les Cieux;
Dans les plus aigres miseres,
Elle peut secher les yeux.
Elle consolle; elle agrée;
Elle flatte; elle recrée;
Et calme les passions:
Elle enchante; elle transporte;
Et la Musique est plus forte,
Que ne sont les Alcions.

T

❊❊❊

Les Himnes, & les Cantiques,
Par elle sont recitez,
Lors que des Festes publiques,
Parlent de prosperitez.
Des faits dignes de memoire,
Elle porte au Ciel la gloire,
D'vn ton qui peut enchanter:
Et deuant qu'il soit vn lustre,
I'espere (ô Heros illustre,)
Que tu la feras chanter.

❊❊❊

Elle a chanté les merueilles,
Du Grand Ministre François:
Dont les importantes veilles,
Ont tant occupé sa voix.
Elle a soulagé ses peines,
Par les douceurs souueraines,
De ses rauissans accords:
Et pour plaire à ce Grand Homme,
Cette Belle que ie nomme,
A fait ses derniers efforts.

L'incomparable Thalie,
Leua ses yeux noirs & beaux;
L'vne & l'autre main remplie,
De Couleurs, & de Pinceaux.
D'vn œil perçant comme vne Aigle,
Elle regarda sa Regle;
Ses Ciseaux, & son Compas:
Et tourna vers Erotime,
Qu'elle voit auec estime,
Ses yeux, sa voix, & ses pas.

C'est moy de qui l'industrie,
(Dit elle) peut tout oser;
Et c'est la Geometrie,
Qui pourra t'eterniser.
C'est par la rare Peinture;
C'est par la belle Sculpture,
Que tu seras glorieux:
Et lors qu'Athenes & Rome,
Ont fait voir quelque Grand Homme,
Ie l'ay mis entre les Dieux.

Que ta vertu sans exemple,
Se face donc adorer ;
Et ie te promets vn Temple,
Qu'on verra touſiours durer.
Aime ces Arts admirables,
De qui les trauaux durables,
Sont veus de tous les Mortels :
Et de ces rares Peintures ;
Et de ces belles Sculptures ;
I'enrichiray tes Autels.

La haute Mathematique,
Infaillible en ſes diſcours,
Et la iuſte Arithmetique,
Te donneront leur ſecours.
Des Nombres, & des Figures,
Toutes les raiſons obſcures,
S'éclairciront à tes ſens :
Et ton Ame curieuſe,
De l'Optique ingenieuſe,
Sçaura les charmes puiſſans.

Vois, vois ces superbes Temples,
Ces Villes, & ces Palais,
Et dis, si tu les contemples,
C'est Armand qui les a faits:
Toutes ces marques publiques,
De ses pensers magnifiques,
La grandeur font esclater:
Ces effets font voir leurs Causes,
Il aimoit les belles choses,
Et ie le veux imiter.

Erotime à ce langage,
Tout transporté de plaisir,
Fait voir sur son beau visage,
Des marques de son desir.
Il demande à ces Deesses,
Les effets de leurs promesses;
Il promet d'en bien vser:
Et que son ame hautaine,
Ne craindra iamais la peine,
Voulant s'immortaliser.

Lors Apollon, & Minerue,
Et l'adroit Cilenien,
Commandent que tout le ſerue,
Et qu'on ne luy cache rien.
Mais à l'inſtant qu'ils acheuent,
Ils s'enuollent; ils s'eſleuent,
Vers le celeſte Lambris :
Le Chœur des Muſes s'aſſemble,
S'eſlançans toutes enſemble,
Vers le chemin qu'ils ont pris.

Mais Pallas adiouſte encore,
Haut en l'air ſe balançant,
D'vne Nimphe qu'on adore,
Reuere l'eſprit puiſſant.
De ſon ame grande & belle,
Eſcoute l'aduis fidelle;
Fais t'en touſiours vne loy :
C'eſt ton plus grand auantage,
Car enfin elle eſt plus ſage,
Et plus Minerue que moy.

Toutes ces doctes Deesses,
Qui veulent te couronner,
N'ont ny thresors, ny richesses,
Qu'elle ne puisse donner.
Elle a cent graces infuses,
En elle toutes les Muses,
Ont mis leurs dons les plus doux:
Enfin rien ne luy resiste;
Et pourueu qu'elle t'assiste,
Tu n'as que faire de nous.

Aussi tost l'esclat redouble,
Et puis se dérobe aux yeux;
Erotime qui se trouble,
Voit, & ne voit plus ces Dieux.
Ce Bois se retrouue sombre;
Et leurs rayons parmi l'ombre,
Se perdent, en s'estendant:
Le Heros qui les escoute,
Ne pouuant suiure leur route,
Les suit en les regardant.

Obiet de l'amitié sainte,
De la Nimphe de Ruel;
Toy qu'elle assiste sans feinte,
Par vn soin continuel.
Responds à sa noble attente;
Rends toy Grand; rends la contente;
Fais toy cherir en tout lieu;
Cheris les doctes Pucelles;
Et rends toy digne par elles,
Du Grand Nom de RICHELIEV.

ODE
SVR VN BEAV IOVR.

L'Astre qui fait toutes choses,
M'anime quand ie le voy;
Et ce qu'il peut sur les Roses,
Il le peut aussi sur moy.
L'ardeur de sa belle flame,
Se communique à mon ame;
S'il brille, ie brille aussi:
Et lors qu'vn nuage sombre,
L'enuelope dans son ombre,
Mon esprit est obscurci.

Cette source de lumiere,
S'espandant par l'Vniuers,
De cette pointe premiere,
M'ouure vne source de Vers.
Quand cette Ame de la Terre,
De fleurs esmaille vn Parterre,
Cent fleurs ornent mon discours:
Et lors qu'il est sans nuages,
Ie fais mes plus beaux Ouurages,
Comme il fait ses plus beaux iours.

Les rayons qui l'enuironnent,
Sur mon esprit sont iettez;
Et des feux qui le couronnent,
Cét esprit a les clartez.
Au profond centre du Monde,
D'vne vertu sans seconde,
Ce bel Astre forme l'Or:
De mesme au point qu'il se leue,
C'est en mes Vers qu'il acheue,
Vn trauail plus riche encor.

Ie le fuy comme Clitie,
Où que se tournent ses pas;
L'Aigle a moins de sympathie,
Auec ses brillans appas :
Le matin quand il nous dore,
Comme vn Persan ie l'adore,
Auec vn respect profond :
Et dans les heures obscures,
Ie ne luy dis point d'iniures,
Comme certains Peuples font.

Enfin l'Aurore & les Muses,
Ont vne estroite amitié;
Et par leurs clartez confuses,
I'escris mieux de la moitié.
Ie sents parmi la rosée,
Tomber vne vaine aisée,
Dont l'esclat est sans pareil :
Mon esprit est sans ombrage;
Et ie sents que mon Ouurage,
Est l'Ouurage du Soleil.

ODE
SVR DOM IOSEPH
de Illescas, pretendu Enuoyé de l'Archiduc Leopold.

Spagnols nos bons amis
(Au moins si l'on vous veut croire)
Ce que vous auez promis
Est il Fable ? est il Histoire ?
Vous nous aimez, dites vous;
Donc les Brebis & les Loups
Sont en paix dans la Campagne :
Mais l'on sçait en toutes parts,
Que les fiers Lyons d'Espagne
Ne sont plus que des Renards.

En vain pensant nous tromper,
L'on nous fait ce beau message;
Car pour se laisser dupper
Toute la France est trop sage.
Vous pouuez en vn moment,
Reprendre facilement
Tant de Villes occupées;
Cependant vous aimez mieux
Offrir mesme vos espées,
Et vous soumettre en ces lieux,

O Fourbes! l'on voit au iour
Le motif de vos grimaces;
Quoy! les Huissiers de la Cour
Ont ils les clefs de vos Places?
Rare exemple d'amitié!
Vn Mineur vous fait pitié;
Le Peuple oppressé vous touche;
Hypocrites, Scelerats,
Dont le cœur dément la bouche,
Paris ne vous croira pas.

Dom Ioseph, (sauf le respect
Que l'on doit à l'Ambassade,)
Ma foy vous m'estes suspect
De donner vne cassade.
Vous le diray-ie en vn mot ?
L'Espagnol n'est pas si sot
Que de passer la Frontiere ;
Et s'il cherche le cercueil,
La France est vn Cimetiere
Bien digne de son orgueil.

Mais pour vous ouurir mon cœur,
(Sans pourtant qu'il vous déplaise,)
Ie vous crois fils d'vn Ligueur,
A grand Busc, & grande Fraise.
Vous estes mal déguisé,
François Espagnolisé ;
Et malgré vostre impudence,
Cette belle inuention
De la Lettre de Credence,
N'a fait nulle impression.

Or Espagnol, ou François,
Ou tous deux, vaille que vaille,
Vous estes tout d'vne voix,
Siflé iusqu'à la canaille :
L'Escharpe d'incarnadin,
Ne pare en vous qu'vn Badin,
Qu'vn homme à timbre malade ;
Et de loing, comme de prés,
Le peuple fait petarrade
Dés qu'il voit Monsieur l'Exprés.

En vain, Monsieur l'Enuoyé,
Pour éternifer nos noifes,
Vous auez tant employé
Les Marguerites Françoises :
En vain, peu rusé matois,
En assez mauuais patois
Vous faites ce preambule,
Où vous parlez d'vn secours,
Aufsi foible & ridicule,
Que l'est vostre beau discours.

Vantez moins superbement
La puissance de Castille;
D'Espagne on veut seulement
Des Gants, & de la Pastille:
La France la connoist bien,
L'on sçait qu'elle ne peut rien;
Que sa foiblesse est extréme:
Sans la mort de Richelieu,
Vostre Monarque luy mesme
N'auroit plus ni feu, ny lieu.

Ce Genereux inhumain,
Qui deffend que le pain n'entre,
De son inuincible main,
Vous a frottez dos & ventre.
Quatre fois ce fier Heros,
Qui vient si mal à propos
Camper trop prés de Gonnesse,
A veû fuir deuant luy,
Les Troupes de cette Altesse,
Que l'on nous offre auiourd'huy.

Vous nous porteriez malheur,
A son nom l'Espagne tremble;
Et malgré nostre valeur,
Nous serions battus ensemble.
Ouy, vous estes des moqueurs;
Les Vaincus, & les Vainqueurs,
Ne vont point sous mesme Enseigne;
Et ie vous trouue plaisans,
De pretendre que l'on craigne
Ceux qui nous ont craints douze ans.

Vingt mille contre ses coups,
Ne feroient pas plus que quatre;
Nous nous battrons bien sans vous,
Si nous auons à nous battre.
Enfin, Seigneur Dom Ioseph,
Pour vous le faire plus bref,
Remontez sur vostre Mule;
Ou d'vn Peuple mutiné,
Pour ce discours ridicule,
Illescas sera berné.

X

Allez manger vos oignons,
Parmi vos Plaines steriles,
Ou les mains sur les roignons,
Vous panader dans vos Villes.
Mais ne parlez plus si haut,
Pour amuser le Badaut;
Que vostre Archiduc ne bouge;
Car pour ne déguiser rien,
Vne Escharpe blanche & rouge,
Fait horreur aux gens de bien.

Ce dessein est criminel,
Et les François sont fidelles;
Bruxelles n'est pas Broussel,
Et Broussel n'est pas Bruxelles.
Lors que nous faisons les fous,
Cela se passe entre nous,
Ce n'est que vapeur de bile;
Mais si vous vous faites voir,
Adieu la Guerre Ciuile,
Tout ira vous receuoir.

Vous verrez confusément
Auancer vers la Frontiere,
Vieux Corps, nouueau Regiment,
Caualier Porte-cochere.
Piquez d'vn iuste courroux,
Tout marchera contre vous,
Messieurs à la mine haue;
Et d'vn auertin saisi,
Le Courtaut qui fait le braue,
Ira iusqu'à Iuuisi.

Enfin, Espagnol douteux,
Ne contez plus ces sornettes;
Qui les croit, entre nous deux,
A teste à porter sonnettes.
Ridicules Capitans;
Nains qui faites les Titans,
Pleins de foiblesse & d'audace;
Bien tost iusques à Madrid,
Nous irons vous rendre grace,
Du secours qu'on nous offrit.

ODE
SVR LE VIRGILE TRAVESTI.

Vse, escoute moy de grace,
Et responds moy promptement;
Est il feste sur Parnasse?
Quel est ce déguisement?
O quelle Metamorphose!
O Dieu la plaisante chose!
Le rire m'a suffoqué:
Et dans ce plaisir extréme,
Virgile riroit luy mesme,
De se voir si bien masqué.

Toy qui resioüis la bande,
Qui demeure dans les Cieux;
Toy que chacun apprehende,
Immortel Bouffon des Dieux.
Tes plus fines railleries,
Ne sont que des niaiseries,
Qui n'ont presques rien de bon :
Si nostre esprit les compare,
Au Liure plaisant & rare,
Que nous a donné SCARRON.

O *Malade de la Reine,*
Malade par tout vanté,
De qui la docte migraine,
Vaut autant que la santé.
Quand tu souffres qu'on te voye,
Tu ressuscites ma ioye;
Tu restablis ma raison :
De l'humeur qui m'assassine,
Ton Liure est la Medecine,
Et le seul Contre-poison.

Ie te iure par Herculle,
(Serment de l'Antiquité)
Que ton Heros ridiculle,
M'a presques ressuscité.
Aussi pour ses asistances,
I'appends comme des Potences,
Et mes chagrins, & mes soings:
Et tout ce qu'vn miserable,
De l'Espargne inexorable,
Endure & souffre le moins.

I'appends, dis-ie, dans le Temple,
De VIRGILE TRAVESTI,
Mille chagrins sans exemple,
Dont ie me trouue inuesti.
Ouy, par ce crotesque Enée,
I'incague la Destinée,
Qui me met à l'abandon:
Et i'offre mes Ordonnances,
Et mes Breuets sans finances,
A la burlesque Didon.

O Prodige incomparable!
Infirme, & pourtant Diuin!
O Philosophe agreable!
O Stoïque sans chagrin!
Fais d'vne ame toute libre,
Que bien tost aux bords du Tibre,
Ton Heros puisse arriuer:
Fais que l'Vniuers l'escoute,
Et crois que i'auray la goutte,
Si ie ne vay le trouuer.

ODE

A L'ILLVSTRE MAISTRE ADAM.

Rand Virgile de Neuers,
Dont la Muse est si cherie,
Sçauant au mestier des Vers,
Autant qu'en Menuiserie.
Rare & merueilleux Esprit,
Vois ce que ma main t'escrit,
Sur les riuages de Loire:
Et tasche de deuiner,
Quel est l'Amant de ta Gloire,
Qui vient pour la couronner.

Examine ce discours;
Considere cét Ouurage;
Vois si le Cercle ou le Cours,
Parle à peu prés ce langage.
Et si depuis Martial,
Nul Autheur Prouincial,
Grimpa plus haut sur Parnasse:
R'apelle ton souuenir;
Car si ie n'y trouue place,
Ie t'attends pour te punir.

Ie t'attends fameux Rimeur,
Et ma Pallas est armée;
Mets donc la tienne en humeur,
De chercher la Renommée:
Reçois, reçois ce Cartel;
Il n'est sanglant ny mortel;
Ne crains donc rien pour ta teste:
Car si tu le trouues bon,
Le Laurier que ie t'apreste,
Sera pris sur vn Iambon.

Mars, le fier Dieu des combats,
Luy qui fait trembler la Terre;
Ne mettra personne à bas,
Dans cette innocente guerre:
De Cerés & de Bachus,
Les Vainqueurs, & les Vaincus,
Suiuront l'illustre Banniere:
Deust en secher de despit,
La Nimphe de ta Riuiere,
Dedans son humide lit.

Viens donc, sçauant sans Latin,
Où ma Muse te conuie;
Viens celebrer ce matin,
La Reine de Cracouie.
Iusqu'en ces Climats glacez,
Où les beaux iours sont passez,
Depuis que nasquit le Monde;
Faisons retentir nos voix,
Pour la Beauté sans seconde,
Dont les Captifs sont des Rois.

ODE
CONTRE LA FOR-TVNE.

Iuinité mal-faisante,
Qu'adorent tous les Mortels;
Toy dont la main inconstante,
Abat ses propres Autels.
Que ton caprice est estrange!
Ton humeur change & rechange;
Tu choques tes propres loix:
Et par ta mobile rouë,
L'on voit des Rois dans la bouë,
Et des Bergers qu'on fait Rois.

Ton aueuglement sans guide,
Fait que ton choix ne vaut rien ;
Et souuent le plus stupide,
Possede le plus de bien.
Cette humeur dont tu m'affliges,
Ne se plaist qu'à des prodiges ;
N'aime que la nouueauté :
Et ceux qui font tes delices,
Marchent sur des precipices,
Où les conduit ta beauté.

Par toy dans toute la Terre,
Le merite est combatu ;
Et l'on voit tousiours en guerre,
La Fortune & la Vertu.
Tu méprises les plus Braues ;
Tu n'aimes que des Esclaues,
De qui tu dores les fers :
Mais apres mille bassesses,
Au milieu de tes carresses,
Tu changes, & tu les pers.

Ie te voy fiere & superbe,
Fouler des Sceptres rompus;
Des Couronnes parmy l'herbe;
Et des Throsnes abatus.
Ie voy ton extrauagance,
Par sa bizarre puissance,
Regner sur tous les humains:
Et dans le Siecle où nous sommes,
Le destin de tous les hommes,
Est en tes fatales mains.

O vous qu'elle fauorise,
De sa plus tendre amitié;
Aimant ce que ie méprise,
Vos grandeurs me font pitié.
Ie regarde vostre pompe,
Comme vn obiet qui nous trompe,
Dans vn beau songe en dormant:
Et n'esperant plus rien d'elle,
Ie me ris d'vne infidelle,
Dont ie ne suis point Amant.

L'OMBRE DV GRAND ARMAND.

Lors que le plus grand Astre, acheuant sa carriere,
Mesloit la nuit au iour, & l'ombre à la lumiere;
Au Temple de Sorbonne, vne viue clarté,
Vint faire vn nouueau iour, dans cette obscurité.
Du creux du grand Tombeau, la clarté iaillissante,
Imitant du Soleil la lumiere naissante,
Paroist confusément; s'acroist auec ardeur;
S'esleue; & remplit tout d'éclat & de splendeur.
Mille rayons dorez, dissipant les tenebres,
Y seruent d'ornement, aux Ornemens funebres;
Et parmi cét obiet lugubre, mais charmant;
Aparoist à nos yeux, l'Ombre du Grand Armand.
De la Pourpre Romaine il conserue l'vsage;
La Maiesté des Rois esclate en son visage;
Et bien qu'il semble triste, il plaist encor aux yeux,
Plus que le plus beau iour qui nous tombe des Cieux.

*Lors que par le respect, vne telle auanture,
Eut imposé silence à toute la Nature;
Le Vent se suspendit; tout parut en repos;
Et l'Ombre en soupirant, commença ces propos.
Tremblez, tremblez méchans, dont la main sacrilege,
Violle des Tombeaux, le sacré Priuilege;
Et qui venez troubler par d'infames Escrits,
Le paisible repos des bien-heureux Esprits.
Ie m'en plains; mais pour vous, ô Race ingrate & noire,
Qui mourrez dans la honte, où ie vy dans la gloire;
Et qui ferez en fin, apres cette action,
L'eternel deshonneur de vostre Nation.
Mais ne presumez pas auec tant de foiblesse,
Que iusques dans le Ciel, nul de vos traits me blesse:
Du haut de l'Empirée, où ma vertu m'a mis,
Ie vous voy dans la fange, indignes ennemis:
Et quel que soit le traict, que vostre main décoche,
C'est pour vous seulement que ie vous le reproche.
O lasches Escriuains, qui cent fois en ces lieux,
M'auez offert l'Encens, qu'on doit offrir aux Cieux;
Qui iusques sur l'Autel, auez mis ma Statuë;
Par vous mesmes enfin, doit elle estre abatuë?
Et par quelle fureur voulez vous m'arracher,
Vne Palme des mains qui me couste si cher?
Quoy! lors que i'attendois des Vœux & des Offrandes,
Loing de ietter sur moy, des Fleurs & des Guirlandes;*

Loing de prendre vos Luts, dont les tristes accords,
Parleroient aux Viuans, de la gloire des Morts.
Vostre Muse perfide, en sa rage animée,
Vomit tout son venin contre ma renommée;
Perd encor la memoire auec le iugement;
Poursuit son Bien-facteur, iusques au Monument;
Et d'vne mesme main, qui dérobe, & qui donne,
Qui m'auoit couronné, veut m'oster la Couronne.
Vous que ie nourrissois, trop infames Corbeaux,
Qui venez croasser à l'entour des Tombeaux;
Vous qui de mes faueurs, vous declarez indignes;
Ouy, vous estes Corbeaux, & ie vous croyois Cignes:
Et le Ciel me punit par vostre propre voix,
Du bien que ie vous fis, & d'vn iniuste choix.
Allez cœurs insolens, allez cœurs mercenaires,
Prendre apres mon trespas, mes faueurs ordinaires:
Et de la mesme main qui vient de m'outrager,
Prenez encor de moy dequoy vous soulager.
Ouy, lasches Partisans d'vne ialouse enuie,
Ouy, mesme apres ma mort, ie vous donne la vie:
Et par vne bonté, qui vous rendra confus,
Ie fais encor du bien, lors que ie ne suis plus.
Ceux de qui la vertu ne me fut point connuë;
Ceux de qui le malheur la couurit d'vne nuë;
Ceux qui n'eurent de moy ni faueur, ni support,
Attaqueroient ma gloire auecques moins de tort.

Mais

Mais vous qui tenez tout de ma main liberalle,
Par une ingratitude, horrible & sans égalle,
Ne parler plus de moy, qu'en termes de mépris!
Railler insolemment dans vos lasches Escris!
Y parler de ma mort, pour qui chacun soupire,
Pour en rire vous mesme, & pour en faire rire!
Allez mauuais Bouffons, Esclaues sans honneur;
Allez, ne troublez plus mon souuerain bon-heur:
Et cachez dans l'Enfer qui cause vostre crime,
D'vn iniuste peché, la rougeur legitime.
Aprenez, aprenez, (sans en plus murmurer,)
Que si l'Espagne en rit, la France en doit pleurer:
Que c'est par de tels pleurs que la vertu s'explique,
Et que ma perte enfin, est la perte publique.
Mais toutefois i'ay tort, & vous auez raison :
Ma faute, & non la vostre, est sans comparaison :
Mille crimes fameux, signalent mon Histoire ;
Ouy, ie veux vous aider à destruire ma gloire :
Voicy (pour vous aprendre à me les reprocher)
Ce qu'à tout l'Vniuers ie ne sçaurois cacher.
I'ay fait trembler l'Europe, & l'Afrique, & l'Asie;
I'ay vaincu les mutins ; i'ay dompté l'Heresie ;
Sous le plus grand des Rois, par mes conseils prudents,
I'ay surmonté le Sort, & la Mer, & les Vents.
I'ay fait voir à ses pieds, l'orgueil de la Rochelle ;
I'ay fait voir à ses pieds, tout vn Peuple rebelle ;

Z

Qui depuis si long temps par vn lasche attentat,
Paroissoit Estranger au milieu de l'Estat.
Par les mesmes conseils, & dans la mesme guerre,
I'ay chassé de nos bords, les Armes d'Angleterre;
Repoussé leur puissance, & leur ambition,
Iusqu'aux flots recullez de la Grande Albion:
Et fait voir à ce Peuple, apres son entreprise,
Que la Seine auiourd'huy ne craint point la Tamise.
De là, suiuant le cours de mes heureux destins,
Par de nouueaux labeurs, i'ay veû d'autres mutins:
Dés qu'on a veû briller mes Armes fortunées,
Les Alpes ont tremblé, comme les Pirenées:
Et ces affreux Rochers, qui s'éleuent aux Cieux,
Me furent vn Theatre, & grand & glorieux;
Car du haut Pas de Suse, où ie portay la guerre,
Ma gloire s'estendit iusqu'au bout de la Terre.
Casal trois fois sauué par mon prudent conseil,
Esleua mon renom, plus haut que le Soleil:
Et comme i'eus tousiours la vertu pour compagne,
La vertu triompha de l'orgueil de l'Espagne.
Pignerol par mes soings, & par mes grands Exploits,
Ouure encor l'Italie aux armes des François:
Et ne m'arrestant point dans cette illustre voye,
Des Rochers de Piémont, aux rochers de Sauoye,
Ie fais passer vn Prince aussi Grand que cheri;
Il attaque; il emporte; & puis rend Chamberi.

DV Sr DE SCVDERY.

Des hauts murs de Paris, & des bords de la Seine,
Son Tonnerre va fondre aux Terres de Lorraine :
Nanci par mes conseils, cede, & reçoit sa loy ;
Et le Vassal rebelle est aux pieds de son Roy.
Mais si mes grands conseils font tomber des Murailles,
En suite mes conseils font gagner des Batailles :
Et les Plaines d'Auein, feront voir dans cent ans,
Ce que par mes conseils firent nos Combatans.
De là, pour entasser, victoire sur victoire,
Ie cherche dans l'Artois vne nouuelle gloire :
Allant par mes labeurs, à cét illustre Prix,
Arras est attaqué, c'est à dire il est pris.
D'vne ame infatigable, & qui voit toute chose ;
Qui veille incessamment ; qui iamais ne repose ;
Ie voy Thurin captif, & Thurin par mes soings,
Sort enfin de ses fers, lors qu'on le croit le moins.
Au riuage du Rhin, où mon desir aspire,
Ie plante heureusement les bornes de l'Empire :
Brisac cede à mon Roy ; reconnoist son pouuoir ;
Et se ioint au grand Corps, que moy seul fais mouuoir.
En suitte trauaillant au bien de la Couronne,
Ie replante nos Lis aux Champs de Barcelonne :
Et s'adiouste à l'Estat, par mes heureux proiets,
Vne nouuelle gloire, & de nouueaux Suiets.
Enfin pour couronner ma haute destinée,
Ie termine mes iours, par ma plus grande année :

l'Ebre tout effroyé se cache en ses rozeaux ;
Voit nostre Camp vaiqueur, presque tarir ses eaux ;
Et l'Espagne honteuse, autant qu'espouuantée,
Voit mesme à Perpignan, nostre Enseigne plantée :
Voit vn Roy qui iamais n'a trouué de pareils,
Triompher par son bras, qu'assistent mes conseils.
Ie laisse tant de Forts ; ie laisse tant de Places ;
Qui de mes grands proiets font voir encor les traces ;
Tant de Generaux pris ; tant d'Exploits genereux ;
Sur la Terre & sur l'Onde, également heureux.
Si ma fin eust esté plus loing de ma naissance,
L'Aigle estoit desia preste à reuoller en France :
Aportant à son bec par mes illustres faits,
Vne branche d'Oliue, & l'Empire, & la Paix.
Voila de vos Pasquins les causes legitimes ;
Voila ce que i'ay fait, ingrats, voila mes crimes :
Mon Roy les a connus ; l'Estat les sçait aussi ;
Voyez donc l'vn & l'autre, & ce qu'on fait icy.
Par des pleurs genereux, ce Prince me regrette ;
L'on voit de tout Paris, l'humilité discrette ;
Et par vn tesmoignage, & grand, & non suspect,
Aucun de mon Palais n'aproche sans respect.
Pour laisser aux Neueux mes vertus en exemples,
Vne Pompe funebre au plus grand de nos Temples,
Honnore ma memoire ; & la Iustice en deuil,
Paroist apres ma mort, autour de mon Cercueil.

Mille & mille flambeaux, à lumiere esclatante,
Enuironnent le Temple, & la Chapelle ardante:
Et parmi tant de feux, saintement allumez,
Par vne voix de feu les Peuples sont charmez.
Ce rayon lumineux, & cette viue flame,
Qui du plus haut des Cieux penetre dans vne ame,
Vient esclairer l'esprit d'vn illustre Orateur,
Luy dictant vn Discours digne de son Autheur:
Et de l'esprit diuin, l'eloquence diuine,
Par mille beaux efforts prouue son origine.
Ces Muses que le Ciel inspire hautement;
Et qui dans leur fureur chantent si sagement;
Qui tracent de mes faits l'eternelle memoire,
Par qui mesme du Temps i'obtiendray la victoire:
Toutes sans interest, comme sans lascheté,
Consacreront ma gloire, à l'immortalité.
Vous seuls lasches Esprits, qui chantez sur ma Cendre,
Animez par l'Enfer, où vous deuez descendre;
Oyez ce que le Ciel dans son iuste courroux,
Auiourd'huy par ma bouche, ordonne contre vous.
Que le Peuple & la Cour, se moquent de vos veilles;
Qu'ils traitent de chançons, vos plus rares merueilles;
Et que vous puissiez tous, attaquez par la faim,
Auoir le sort d'Homere, & chanter pour du pain.
Que de tout l'Vniuers, vostre Muse bannie,
N'ait pas mesme où cacher sa lasche ignominie:

Z iij

Et qu'à tous les momens, d'vn cœur espouuanté,
Vous pleuriez sans cesser, pour auoir mal chanté.
Ainsi dit la Grande Ombre, en sa triste auanture,
Au point qu'elle rentroit dans cette Sepulture :
Elle entre, & disparoist ; se dissipe, & gemit ;
La voûte luy respond, & le Temple en fremit.

LE GRAND EXEMPLE,
A
Mgr LE DVC
DE RICHELIEV.

Lluftre & ieune Aiglon, leue, leue les yeux;
Regarde fixement vn bel Aftre des Cieux;
Fais toy voir à la Terre en ta force premiere,
Digne de ſes rayons, digne de ſa lumiere:
Vois le donc ſans ciller, & conçois auiourd'huy,
Le genereux deſſein d'eſtre ſemblable à luy.
(S'il eſt permis pourtant, à la vertu mortelle,
D'arriuer iuſqu'au point où ſa gloire t'apelle;)
Car marcher ſur les pas du diuin RICHELIEV,
C'eſt ſuiure pour le moins Hercule Demy-Dieu.
Ton Pere ſur la Mer, ton Ayeul ſur la Terre,
Ont aquis tout l'honneur qu'on aquiert à la guerre;

Mais deuant le Soleil aucun Astre ne luit,
Et c'est au plus parfait que mon Art te conduit.
Observe ce Soleil, que l'Vniuers contemple;
Propose à ton esprit ce rare & Grand Exemple;
Tu prens le plus Grand Nom, que l'on porte icy bas,
Mais il le faut remplir, ou ne le porter pas.
Vne vertu commune en toy seroit vn vice;
Le prix de la Couronne est au bout de la lice;
Et voulant égaller ses merueilleux efforts,
Il faut laisser bien loing, les viuans & les morts.
Fais ARMAND que ton cœur incessammēt s'aplique,
A bien former tes mœurs sur ton Dieu Domestique:
Fais que son souuenir te resueille en sursaut;
Espere, ose, & soupire, en le voyant si haut.
Fais, fais que son image occupe ta memoire;
Ne regarde que luy; ne lis que son Histoire;
Vois, vois de ce Heros les miracles diuers,
Et puis ne vois plus rien apres dans l'Vniuers.
Qu'vn autre aille chercher dans de fameuses Cendres,
Et les faits des Cesars; & ceux des Alexandres;
Qu'vn Exemple estranger le serue en ce besoing;
Mais toy tu l'as plus Grand, & sans aller si loing.
La Grece Triomphante, & la superbe Rome,
Ont reueré des Dieux, moins parfaits que cét Homme:
Ie fus tant qu'il vescut, de ses Adorateurs,
Mais sçaches que les Morts n'ont gueres de flateurs.

Comme

Comme on n'attend rien d'eux, tout le monde les quitte;
Des Rois dans le Cercueil, la Cour est fort petite;
Tout le Parnasse entier, suiuit l'illustre ARMAND,
Au Palais Cardinal, mais non au Monument.
La Mort de ce Grand Pan, fit taire les Oracles;
Ce Parnasse muet, oublia ses miracles:
Deux ou trois seulement, dont ie fus le premier,
Aux funestes Cyprés, meslerent du Laurier;
Et sans nul interest que celuy de la gloire,
Luy firent vn Tombeau d'eternelle memoire.
Ainsi ne pense pas que d'vn Art deceuant,
J'aille flater vn Mort, comme on flate vn Viuant;
Et que pour t'exciter ie le face paroistre,
Non pas tel qu'il estoit, mais tel qu'il deuoit estre.
Non, ce n'est point Cyrus que ie dépeins icy;
Cette adresse de l'Art, ne me sert point aussi;
Ie dis ce que i'ay veû; ie dis ce que ie pense;
Mais ie le dis si mal, que mon cœur s'en offence:
Et bien que l'Vniuers ait souffert mes Tableaux,
Ie deteste en mon ame, & Couleurs, & Pinceaux.
Ie les trouue grossiers; elles me semblent sombres;
Ie veux peindre vn Soleil, & ie forme des ombres;
Ie tasche vainement de te le figurer;
Acheue toutefois, d'entendre, & d'admirer:
Acheue de t'instruire en sa vie immortelle,
Et reiette les yeux sur ce Diuin Modelle.

Aa

Pour mettre sous tes pieds, les Vices abatus,
Suy, suy le beau Sentier tracé par ses vertus :
Il est haut ; il est droit ; il est rude, & penible ;
Aux hommes du commun, il est inaccesible ;
Il espouuante vn cœur qui n'est pas genereux ;
Il est pour les Heros, & n'est rien que pour eux.
Ce Sentier aboutit au Temple de la Gloire,
Mais il y faut monter, suiui de la Victoire :
Mais il y faut monter, couuert de ces Lauriers,
Dont elle orne le front des plus braues Guerriers :
Mais il y faut monter auec la Renommée ;
Y traisnant apres soy, les débris d'vne Armée :
Des Piques & des Dards, des Drapeaux, des Escus;
Vn superbe Trophée, & des Princes vaincus.
Vn Oracle infaillible, enseigne à ta ieunesse,
Que la crainte de Dieu, commence la sagesse :
Quelque haut que tu sois, entre mille Mortels,
Abaisse, abaisse toy iusqu'au pied des Autels.
Connois, adore, & crains, la Maiesté supresme ;
Elle esleua ton Oncle, elle en fera de mesme ;
Elle te comblera de sa felicité,
Si tu veux imiter sa haute pieté.
Il eut cette vertu, mais il l'eut toute pure :
Son feu tendoit au Ciel, en suiuant sa nature :
Et ce feu lumineux, autant qu'il estoit pur,
N'auoit rien de terrestre, & rien qui fust obscur.

Il aimoit, sans auoir la crainte ridicule,
Que dans vne ame foible, engendre le scrupule:
Il aimoit en craignant, & ne perdoit iamais,
Des bien-heureux Esprits, la bien-heureuse paix.
L'innocence des mœurs, faisoit sa quietude;
La recherche du bien, fut toute son estude;
Et dans le beau desir qui t'anime auiourd'huy,
ARMAND, si tu m'en crois, sois deuot comme luy.
Comme luy sans pancher vers l'vn ny l'autre extréme,
Aime & crains le Tres-haut; crains, te dis-ie, mais aime:
Ne crains point en Esclaue, aime comme vn Enfant,
Pour suiure vn iour au Ciel ce Heros Triomphant.
Si tu veux t'aquerir vne immortelle estime,
Remarque la grandeur de ce cœur magnanime:
Quels furent ses pensers ; quels ses vastes proiets;
Eux qui firent le sort des Rois & des Suiets.
Et vois le comme vn Dieu, qui lance le Tonnerre,
Disposer à son gré, du destin de la Terre;
Abatre & soustenir des Throsnes esleuez;
Vois ceux qu'il a perdus; vois ceux qu'il a sauuez;
Et pour voir de ses faits vne histoire fidelle,
Vois, vois du Monde entier, l'histoire vniuerselle;
Tu trouueras par tout des marques du pouuoir,
De ce puissant Esprit qui le faisoit mouuoir.
Par luy regnoient les Rois; & nos Prouinces calmes,
Doiuent à ses Lauriers, leurs Mirthes, & leurs Palmes:

Aa ij

Et cette haute estime où la France a monté;
Et l'orgueil abatu de l'Espagnol dompté;
Et les Tirans deffaits; & l'Europe affranchie;
Et l'esclatant honneur de nostre Monarchie;
Et tant de beaux Exploits, auiourd'huy sans pareils,
Sont de simples effets de ses hardis conseils.
Tout l'Vniuers a veû de nombreuses Armées,
Ceder à cét Alcide, ainsi que des Pigmées:
Tout le voulut choquer; tout en fut renuersé;
Tout s'vnit contre luy; tout en fut dispersé;
Et le foible, & le fort; & le lasche, & le braue;
Bref le Demon d'Antoine, a craint celuy d'Octaue:
Tout ceda; tout trembla; tout craignit ce Vainqueur;
Qui par vn grand Esprit conduisoit vn grand Cœur.
Vois donc, vois ce Soleil, tout rayonnant de gloire,
Que mes foibles Crayons offrent à ta memoire:
Tasche de meriter son immortel renom,
Et sur tout souuiens toy que tu portes son Nom.
Mais n'imagine pas en ton ieune courage,
Que ce hardi Nocher n'ait point connu l'orage:
Que le calme eternel ait flaté son Vaisseau;
Que nul vent n'ait troublé la surface de l'Eau;
Que trouuant à ses vœux toutes choses faciles,
Il n'ait iamais vogué que sur des Mers tranquiles:
Il a veû des rochers, des escueils, & des flots,
Capables d'estonner les plus vieux Matelots;

Il a veû la tempeste, & Neptune en son ire,
Entreprendre à l'enuy de briser son Nauire;
Et ce Grand Palinure, au milieu du danger,
Fut luy mesme vn rocher que rien ne pût changer.
Il tint le gouuernail, & si droit, & si ferme,
Qu'enfin malgré l'orage, il paruint à son terme :
Il triompha des vents qui l'auoient combatu,
Et la Fortune Esclaue adora sa Vertu.
Ouy, son cœur intrepide, en sa rare constance,
Aux caprices du Sort, fit tousiours resistance :
S'opposa fortement ; ne se rendit iamais ;
Et força le Destin à demander la paix.
Lors que de Iean de Vert le Nom espouuantable,
Esmeut le foible Peuple, ainsi qu'vn foible sable,
Ce Monstre estant surpris de panique terreur,
De sa crainte à l'instant passoit à la fureur :
Et secondant le Sort, & les vœux de l'Enuie,
Il menaçoit le cours de son illustre vie.
Tout eut peur ; tout trembla ; tout craignit l'aduenir :
Chacun dans son Palais voulut le retenir :
Et la Vertu *visible, admirable en ses charmes,*
Pour retenir ses pas, n'espargna pas ses larmes.
Il sortit toutefois ; & sans plus l'escouter,
Ce Lion genereux ne pût rien redouter.
Il sortit (ie le vy) presques sans nulle suite :
Et remettant au Ciel le soing de sa conduite,

Aa iij

Il trauerſa Paris, d'vn viſage aſſuré ;
Il trauerſa les flots d'vn Peuple coniuré ;
Et d'vn œil tout puiſſant, & d'vn œil tout de flame,
Il luy remit l'amour ; & le reſpect en l'ame ;
Il en bannit la peur ; il reſtablit l'eſpoir ;
Il remit toute choſe aux termes du deuoir ;
Et peu de iours apres, à la foule eſtonnée,
Il fit voir ſa vertu pompeuſe & couronnée ;
Son Roy victorieux ; nos Ennemis chaſſez ;
Et des Arcs de Triomphe, à ſa vertu dreſſez.
Mais ſi ſa fermeté parut iamais extréme,
Ce fut ARMAND, ce fut à ſon heure ſupréme :
Cét Aſtre de nos iours, au point de ſon Couchant,
Se fit voir à nos yeux comme vn Soleil penchant ;
Qui proche d'acheuer ſa carriere dans l'Onde,
Encor de ſes rayons esbloüit tout le monde :
Et qui meſme en tombant ſous ces flots eſcartez,
Laiſſe ſur l'Horiſon des traces de clartez.
Tel ce diuin flambeau, s'eſtaignit dans la gloire ;
Tel parut ce Heros, d'immortelle memoire ;
Comme il voyoit au Ciel ſa Couronne & ſon prix,
Il ne vit ſa Grandeur, que d'vn œil de mépris.
Il la quitta ſans peine, ainſi que ſans foibleſſe ;
Et ce puiſſant Eſprit qui ſçauoit ſa Nobleſſe,
Regarde en ce moment, vers le Ciel dont il vient,
Plus ferme que le Pole, où le Ciel ſe ſouſtient.

O toy ieune Heros, qui tasches de le suiure,
Aprens à bien mourir, c'est à dire à bien viure:
Acoustume ton ame à ne s'ébranler point;
A voir ainsi que luy, la Terre comme vn point;
Et voulant aquerir sa haute renommée,
Songe que tout esclat n'est qu'ombre & que fumée.
Si iamais la Fortune amoureuse de toy,
Te donne vn libre accés à la faueur du Roy,
C'est lors que pour aprendre à deuenir fidelle,
Tu dois soigneusement obseruer ton Modelle:
Et voir dans ses hauts faits (ton vnique entretien)
Comme il seruoit son Roy, pour bien seruir le tien.
L'interest de l'Estat remplit toute son ame;
On le vit consumé par cette belle flame;
Il n'eut point d'autre amour; il n'eut point d'autre soin;
Et l'Vniuers entier en sera le tesmoin.
Sa fidelité fut vn Fort inaccessible;
Rien ne pût alterer ce Cedre incorruptible;
Ni la peur, ni l'espoir, n'ébranlerent iamais,
Ce sage & fort Atlas, chargé d'vn si grand faix.
Iamais il ne conçeut rien de bas; rien de lasche:
La foy de ce Heros, fut vn Miroir sans tache:
Ses plus fiers ennemis en sont tombez d'accord,
Ouy pendant qu'il vescut; ouy mesme apres sa mort.
Aussi sur sa parole, & Peuples, & Prouinces;
Republiques, Estats; & Gouuerneurs, & Princes;

Tout se tint asseuré; tout agit librement,
Sur l'immobile apuy d'vn si seur fondement.
Aimable & ieune Duc, en seruant la Couronne,
Sois adroit comme luy, sans abuser personne;
Sois fidelle à ton Roy; fidelle à tes amis,
Rien n'estant plus sacré que ce qu'on a promis.
Veux tu deuenir iuste, & te rendre equitable?
Imite si tu peux cét homme inimitable:
La Raison tint tousiours l'empire de ses Sens;
Il perdit des ingrats, mais iamais d'innocens.
Il ne fit point de crime, en punissant des crimes;
La Iustice est Deesse, il luy faut des Victimes:
Qui regit des Estats, & conseille des Rois,
Autant que la pitié, doit escouter les Loix.
L'Ange exterminateur, n'estoit pas moins vn Ange,
Que ceux qui vont chantant la diuine loüange:
Vne iuste rigueur n'est iamais cruauté;
Et la beauté seuere, est la grande beauté.
Le sang de l'innocent, est le seul sang qui crie:
L'on doit tout immoler, au Prince, à la Patrie:
Si contre les Enfans le suplice est permis,
Sera-t'il deffendu contre des ennemis?
Mal-heur au criminel, qui tombe sous l'Espée:
Toute Victime enfin, est iustement frapée:
Et pourueû qu'on l'immolle, exempt de passion,
Ce qu'on apelle meurtre, est expiation.

              L'on

L'on peut les regretter, lors que leur perte est grande;
Mais il les faut punir, si l'Estat le demande :
L'on doit pleindre leur sort; mais non pas le changer;
Car c'est vanger l'Estat, & non pas se vanger.
Iamais de leur débris il ne fit une proye;
Iamais il ne gousta cette funeste ioye :
Les lieux touchez du foudre, estans reputez Saints,
Il n'y porta iamais ses innocentes mains.
Sa Couronne a des fleurs qui n'ont point cette espine :
Ce Phœnix ne fut point un Oyseau de rapine :
Et l'on ne le vit point ainsi que les Corbeaux,
Aller chercher sa proye, à l'entour des Tombeaux.
Mais si cette vertu te paroist mal-aisée,
Regarde la Vertu qui luy semble opposée :
Mille & mille tesmoins attesteront encor,
Qu'il auoit des bontez dignes du Siecle d'or.
Chacun le connut tel; chacun le vit paraistre,
Bon Ami, bon Parent, bon Suiet, & bon Maistre :
Il conquestoit les cœurs en captiuant le sien;
Il fut beaucoup aimé, parce qu'il aimoit bien;
Son courage estoit ferme, & son ame estoit tendre;
Il eut, comme le cœur, la douceur d'Alexandre;
Et ce charme visible, à qui tout est permis,
Enchanta mille fois ses propres ennemis.
ARMAND, cette Magie innocente & licite,
Est un puissant motif, où je te solicite :

Bb

Par luy seul tout agit, & tout est animé;
Et pour te dire tout, aime pour estre aimé.
Que si d'un vol plus haut, tu conçois l'esperance,
Afin d'estre prudent, regarde sa prudence:
Vois de quels embarras qu'on ne peut figurer,
Ce sage & Grand Vlysse elle pût retirer.
Quels intrigues confus, la Cour forma contre elle;
Quel Dedalle embroüillé, fut sa longue querelle;
Quels Pieges dangereux l'on creusa sous ses pas;
Combien il falut d'art pour n'y trébucher pas;
De combien de perils sa conduite discrette,
A sçeu le garantir en la guerre secrette,
Qui dans le Cabinet se fait à peu de bruit;
Qui là, sans nul esclat, caballe, embroüille, & nuit.
Et pour mieux voir encor quelle fut sa prudence,
Vois ceux qu'il apella dedans sa confidence:
Le choix de ses Amis, fut sage autant qu'heureux,
Et l'Vniuers entier n'a pû se passer d'eux.
Mais i'aperçoy l'esclat d'vne vertu Royalle;
Quelle magnificence à tes yeux elle estalle!
Considere sa Pompe, & vois sa Maiesté;
Et tasche d'aquerir sa liberalité.
Il ne l'eut point aueugle, ainsi que la Fortune,
Qui iette par caprice vne faueur commune:
Luy, donnoit auec ordre, & donnoit sagement;
Tousiours auec Grandeur, mais auec iugement.

Vois de cette Vertu mille Marques publiques;
Des Villes, des Palais, des Temples magnifiques;
Monumens eternels d'vn Esprit genereux,
Qui fit la France illustre, & nostre Siecle heureux.
Cependant au milieu de sa magnificence,
Admire d'autant plus, sa sobre temperance:
Son Corps dans ses repas, fut quasi glorieux,
Et tout cét appareil ne touchoit que ses yeux.
La molle volupté, cette Circe puissante,
N'eut iamais de pouuoir sur son Ame innocente:
Ses charmes n'ont rien pû contre sa pureté,
Et iamais nul broüillars n'offusqua sa clarté.
De ses fiers ennemis, l'insolente imposture,
N'a point eu de venin contre vne Ame si pure:
Et l'Enuie elle mesme, au lieu de le choquer,
De l'ombre d'vn soubçon, n'osa pas l'attaquer.
Il vescut comme vn Ange, exempt de la matiere:
Rien de terrestre enfin n'obscurcit sa lumiere:
Et son cœur destaché du commerce des Sens,
S'il auoit des desirs, les auoit innocens.
Vne honneste pudeur; vne honte modeste,
S'esleuoit sur son front, comme vn Iris celeste:
La belle impression de ce lustre incarnat,
A l'esclat de ses yeux, confondoit son esclat:
Vne parole libre, & peu respectueuse,
D'vne noble fierté, toute maiestueuse,

Luy coloroit le taint; & ce discours suspect,
S'estouffoit en naissant, de crainte & de respect.
Il aimoit les beaux Arts; il aimoit la Peinture;
Les Grottes, les Iardins, la belle Architecture;
La Musique, les Fleurs, le Theatre, & les Vers :
Mais pour rien que de pur, ses yeux n'estoient ouuers.
O toy charmant Heros, si sa gloire te touche,
Regle sur son Exemple, & ton cœur, & ta bouche,
Sois sobre comme luy; comme luy moderé;
Reuerant la Vertu, pour estre reueré.
Dispose ieune Aiglon, dispose tes prunelles,
A souffrir d'vn Soleil les clartez eternelles;
Des rayons lumineux, d'éclatante splendeur;
Et d'vn profond sçauoir l'admirable grandeur.
Ne m'ë crois pas ARMAND, mais demäde à l'Europe,
Si comme Salomon, des Cedres à l'Hisope,
Ce merueilleux Esprit, nay pour le commun bien,
Connoissoit toute chose, & s'il ignoroit rien.
L'on eust dit qu'il auoit les Sciences infuses,
Et tel qu'vn Apollon, il regnoit sur les Muses :
Il fut Maistre absolu de leurs riches Thresors,
Et le Ciel à l'orner fit ses derniers efforts.
Mais entre tous les Arts, ce Phœnix fut vnique,
Dans ce grand Art des Rois, la haute Politique;
Dans cét Art tout puissant, qui conduit l'Vniuers;
Et qui seul fait mouuoir mille ressorts diuers.

Demande à l'Espagnol (luy qui le pût connaiſtre)
Si dans vn Art ſi grãd, Armand fut vn Grãd Maiſtre:
Luy ſeul te le dira, s'il le veut publier;
Car ie ne penſe pas qu'il ait pû l'oublier.
Que ſi de ſes hauts faits nous paſſons aux paroles,
Tu verras ondoyer, des Ganges, des Pactoles;
Des riches Fleuues d'or, où ſe perdoient nos Sens;
Des Torrents d'Eloquence, auſsi purs que puiſſans.
Cét Hercule Gaulois, à qui tout fut poſsible,
Attiroit tout à ſoy d'vne Chaine inuiſible:
La Lire qui trainoit les Rochers & les Bois,
Ne fit rien que ne peuſt le charme de ſa voix.
Son Eloquence forte, autant qu'ingenieuſe,
Fut ainſi que ſon bras touſiours victorieuſe:
Rien ne pût reſiſter à ſes rares beautez;
Et tout fut esbloüi par ſes viues clartez.
Enfin ce rare Eſprit; cét Homme incomparable;
Ce merueilleux Genie, à l'Eſtat fauorable;
Ce Prodige eſtonnant; ce Miracle en nos iours;
Eut toutes les Vertus, & les garda touſiours.
Loing, loing de ſon Palais, furent touſiours bannies,
Des Vices oppoſez, les fieres tyrannies:
La fauſſe Opinion, qui choque les Autels;
L'Inconſtance qui regne entre tous les Mortels;
Le Menſonge impudent; la Fourbe déguiſée;
L'Audace mépriſante, & ſouuent mépriſée;

L'adroite Médisance, au dangereux poison;
L'Amour, cét Enchanteur qui trouble la raison;
L'Enuie au taint blaffard, qui se ronge soy mesme;
La Colere hideuse, en sa fureur extréme;
La salle Gloutonnie, & la Paresse encor;
L'Auarice honteuse, idolatre de l'or.
Tous ces Monstres chassez du Palais magnifique,
Ou du Temple sacré de ton Dieu Domestique,
N'osoient s'en approcher; & l'on n'y vit iamais,
Que l'Honneur, la Vertu, l'Innocence, & la Paix.
Voila quel fut ARMAND; vois, admire, contemple;
Et sur tout forme toy sur vn si Grand Exemple :
Tasche de l'imiter, à toute heure, en tous lieux;
Et iamais, non iamais, n'en destourne les yeux.
Viens donc ieune Heros, où Thetis te conuie;
Viens commencer le cours de ton illustre vie :
Les Nimphes de nos Mers, bondissent de plaisir,
Et languissent pour toy d'vn amoureux desir.
De Perles, de Coral, nous les voyons parées;
A te bien receuoir, elles sont preparées;
A l'entour de ta Poupe, on voit mille Tritons;
De leurs Conques de Nacre, ils font ouïr les tons;
Et prés de ta Galere on voit les Nereïdes,
Secoüant le Cristal de leurs tresses humides;
Conduire sur les flots, vn beau Char azuré,
Qu'en ce iour de Triomphe elles t'ont preparé.

Viens donc, viens commencer ton illustre Carriere:
La Victoire elle mesme, en ouure la Barriere:
Et Neptune enchainant vn volage Demon,
Est sur la Capitane, & conduit le Timon.
La Fortune auiourd'huy qui n'est plus infidelle,
Du Golphe de Plombin, te fait signe, & t'apelle;
Te promet son secours, pour affermir ton cœur;
Te monstre vne Couronne, & te nomme Vainqueur.
Viens donc, viens posseder ses faueurs les plus hautes:
Et comme on vit Orphée entre les Argonautes,
Ie suiuray si tu veux, ta fortune & tes pas,
Pour chanter ta Victoire au sortir des Combats.
Si la foudre de Mars, qui n'espargne personne,
Espargne les Lauriers que la Muse me donne,
I'immortaliseray tes Actes glorieux;
I'esleueray ton Nom aussi haut que les Cieux;
Ie feray le Tableau de ta fameuse Histoire;
Tu seras couronné par les mains de la Gloire;
Ie te feray monter au rang des Immortels;
Ouy, ie te bastiray de superbes Autels;
Ma Muse trouuera toute chose facile;
Plus heureux qu'Alexādre; autant heureux qu'Achille;
Tu trouueras en moy, si tu fais ton deuoir,
Ce qu'vn de ces Heros ne pût iamais auoir.
Mais pour y paruenir, vois, admire, contemple,
Imite, & suy tousiours, ce rare & Grand Exemple.

NOSTRE DAME
DE LA GARDE.
POEME
Composé dans cette Place.

E la cime d'vn Mont, vn superbe Chasteau,
Commande égalemẽt, sur la Terre, & sur l'Eau;
Et l'orgueil de ses Tours, fortement soustenuës,
Est plus bas que le Ciel, mais plus haut que les Nuës.
Il voit sous ses Ramparts, former leur vaste Corps;
Il les voit esleuer ; mais par de vains efforts :
Car la fameuse Place est si loing de la Terre,
Que rien que ses Canons n'y forme le Tonnerre :
Elle peut foudroyer en mille, & mille lieux ;
Et ne peut redouter, la Terre, ni les Cieux.
Comme d'vn Grand Theatre, on y voit la Peinture,
Ou plustost l'abregé de toute la Nature :

Et

Et d'vn mesme regard, l'on descouure à la fois,
Des Rochers, des Valons, des Ruisseaux, & des Bois.
De là, nostre œil s'égare, en la Plaine liquide :
De là, nostre œil s'arreste, en la Plaine solide ;
Et la Terre & la Mer, n'ont ni sillons, ni flots,
Ni Troupeaux, ni Poissons ; Bergers, ni Matelots ;
Cabanes, ni Vaisseaux ; que la pompeuse Scene,
N'estale en tous endroits, dans l'vne ou l'autre Plaine.
De là, l'on voit enfler les Voiles des Nochers :
De là, l'on voit blanchir l'escume & les rochers ;
Et le bruit de la vague, aussi doux que sauuage,
Fait gronder apres luy, les Echos du riuage :
La Mer vient, & s'en va ; puis reuient à l'instant,
Et paroist à nos yeux comme vn Iaspe flottant.
Et d'Isles, & d'Escueils, Thetis est Couronnée :
Vne celebre Ville en est enuironnée :
Ces Ramparts naturels en deffendent l'abord :
Mais de là, nous voyons, Palais, Isles, & Port.
Soit que l'Esté commence, ou que l'Esté finisse,
D'vne Forest de Mats, ce grand Port se herisse :
Et l'on voit ondoyer, en mille & mille parts,
Sur la Poupe des Nefs, les fameux Estandarts.
Vn Printemps eternel dessous nos yeux conserue,
Et l'Arbre d'Apollon, & l'Arbre de Minerue :
Les Mirthes de Venus y paroissent encor ;
Et là, les Orangers monstrent leurs pommes d'or.

Leurs feüilles d'Efmeraude y font cent Paliſſades;
Et meſlent leur beau vert, aux Rubis des Grenades:
Et la Palme ſuperbe, en s'eſleuant aux Cieux,
Courbe auec maieſté ſes rameaux glorieux.
D'vn Pampre touſiours frais, les Cotaux s'embeliſſent;
D'vn eſmail eſclatant, tous les Prez s'enrichiſſent,
Et cent & cent Iardins, preſentent au regard,
La Nature embellie, auec les ſoings de l'Art.
Cét Aſtre flamboyant, dont la clarté feconde,
Est l'ame des beautez, & la beauté du Monde,
A toute heure, en tout temps, d'vn eſclat vif & pur,
Meſle & confond ſon Or, dans le Celeſte Azur.
Il ſe mire en la Mer, & la Mer tranſparante,
Fait briller dans ſon ſein, ſon image flottante:
Ses rayons lumineux y ſont repreſentez,
Et le Ciel & la Mer, ont les meſmes clartez.
Cette Plaine liquide, en ſa vaſte eſtenduë,
Voit par tout ſa richeſſe à ſes eaux confonduë:
Et d'vn pompeux meſlange, & qui n'a point d'égal,
La Mer eſt toute d'Or, & toute de Criſtal.
Soit qu'vn calme profond ait aplani ſes ondes;
Soit que l'Auſtre ait quitté ſes Cauernes profondes;
Ce merueilleux Obiet, ſi terrible, & ſi beau,
Sous l'vne ou l'autre face, eſt vn rare Tableau.
Tantoſt nous le voyons, à vagues eſcumantes;
Tantoſt il a ſes eaux, tranquiles, & dormantes:

Maintenant sa fureur fait paslir les Nochers;
Maintenant dans le calme, il baise les rochers.
Tantost des plus hauts monts, l'on voit ses vagues proches;
Tantost il s'humilie, & respecte ces roches:
Luy qui brise vne Nef, par vn funeste effort,
En fauorise vne autre, & la conduit au Port.
Souuent toute la Mer est couuerte de Voiles;
L'on n'a pour les nombrer, qu'à nombrer les Estoiles;
Et de ce grand Escueil, sur les flots d'alentour,
L'on voit mille Pescheurs, tant que dure le iour.
L'vn auec vn Trident, paroissant vn Neptune,
Comme Reine des flots, inuoque la Fortune:
Et lançant dans la Mer, son funeste baston,
En fait rougir l'argent, des escailles du Ton.
Cet aimable Animal, vainement s'esuertuë,
Contre l'aspre douleur du grand coup qui le tuë:
Il bondit haut en l'air; il plonge, & puis ressort:
Mais il plonge viuant, & ne reuient que mort.
L'autre sur vn rocher se tient en embuscade;
D'vne trompeuse Ligne, attrape la Dorade;
Luy cache finement le mortel hameçon;
Et tire hors de l'eau ce merueilleux Poisson.
L'autre dans sa Nacelle, attire, & puis estalle,
Des Poissons de Coral, & des Poissons d'Opalle;
Il verse à pleins filets, ces Miracles viuans,
Et benit en son cœur, & les flots & les vents.

L'autre en chantant vne Himne, aux belles Nereïdes,
Seche aux rais du Soleil, ses filets tous humides,
Les estend sur le sable, où la Mer l'a ietté ;
Les visite a l'instant, d'vn & d'autre costé ;
Et d'vne main adroite, à ce rustique Ouurage,
Repare aueques soin, ce qu'a rompu l'orage.
Tout vn Peuple fourmille en ce celebre Port ;
L'vn sous vn grand fardeau, se courbe auec effort ;
L'autre du fond des Nefs tire cent choses belles ;
L'vn grimpe au haut des Mats, & semble auoir des aisles ;
L'autre de chable en chable, adroit, sans se blesser,
Monte, descend, remonte ; & se laisse glisser.
L'vn plonge sous les flots ; l'autre sur les flots nage ;
L'autre iette son Anchre, & l'acroche au riuage ;
L'vn trauerse le Port, tout seul dans son Bateau ;
L'autre noir & fumant, remet le sien à l'eau :
Et du haut des Ramparts de l'importante Place,
L'on voit toute la Ville, & tout ce qui s'y passe.
Mais si iamais obiet s'y fait voir merueilleux,
C'est lors qu'ayant franchi cent rochers perilleux,
Vers la fin de l'Automne, aux heures les plus claires,
Du haut de ce Donjeon l'on reuoit nos Galeres,
A Voile comme à Rame, en ces iours les plus beaux,
Voguer d'vn cours égal sur l'Empire des Eaux.
Sur vne mesme ligne elles vollent sur l'onde ;
La Chiurme les anime, & le vent la seconde ;

Mille rames sans cesse au gré des Matelots,
Y font blanchir l'escume, & tournoyer les flots.
Toutes d'vne cadence, & iuste, & mesurée,
Donnent en mesme temps sur la Plaine azurée;
Cessent en mesme temps d'agir & de mouuoir;
La Chiurme à bras tendus signale son pouuoir;
Et la voix du Comite, aux Plaines inconstantes,
Fait marcher les grands Corps de ces Villes flotantes;
Les arreste, ou les meut tout ainsi qu'il luy plaist;
Et Neptune au Timon cede, tout Dieu qu'il est.
Mille & mille Guidons, du plus haut des Antenes,
Vollent en serpentant, au gré des Capitaines:
Mille & mille Estendarts, differents en couleurs,
Y semblent mettre en l'air, vn Parterre de fleurs.
De cent Boucliers dorez, les Poupes sont ornées;
De Lauriers Triomphans ont les voit couronnées:
Le fer brille en cent lieux, aux Armes des Soldats;
La foudre est en leurs mains; les esclairs en leurs bras;
Les Chefs sont à la Poupe, enuironnez de gloire;
Vn Triomphe pompeux signale leur victoire;
Et l'oreille à son tour, entend tout à la fois,
Trompettes, & Tambours; Timbales, & Haut-bois.
L'œil se trouue enchanté, par l'obiet qu'il regarde;
Mais alors les Canons du haut Fort de la Garde,
Commencent de tonner; & ceux du Chasteau d'If,
Chassent loing de ces bords, le Silence craintif.

*La Ville toute en feu, paroist lors allumée;
Les Galeres ne sont que flame, & que fumée;
L'on ne discerne plus, ni Forçats, ni Nochers;
Et le bruit redoublé fait gronder les rochers.
Ce bruit s'en va bien loing, de Montagne en Montagne;
Et la clarté revient sur l'humide Campagne.
Enfin de ce Theatre, & haut, & spacieux,
Il n'est rien sur la Terre, il n'est rien sous les Cieux,
Dont la magnificence, & le rare spectacle,
Ne face avec raison, crier cent fois miracle.
Or un iour que le Ciel, tranquile & lumineux,
D'un Zephire agreable eut temperé ses feux,
Le mal-heureux Timandre, en un lieu solitaire,
Fut parler aux rochers, d'un mal qu'il ne pût taire:
Timandre qui des lieux où la Seine a son cours,
Est venu sur ces bords, traisner ses tristes iours.
Un chemin tournoyant du haut de cette roche,
Serpente en descendant vers la Mer assez proche;
Ce fut par ce Sentier que ce pauure affligé,
D'un œil triste & pensif, & d'un pas negligé,
Fut insensiblement dans son humeur chagrine,
Du sommet de la roche, au bord de la Marine;
Mais si fort attaché dans ce sombre entretien,
Que d'un lieu qui voit tout, Timandre ne vit rien.
Sous l'espoisseur du Mont, une Grotte profonde,
Ouurage merueilleux, & du Temps & de l'Onde;*

Forme le plus beau lieu que Thetis peut monstrer:
Là, le iour ni les flots, n'oseroient plus entrer:
Il semble que la Mer le respecte, & l'admire;
Car elle s'en aproche, & soudain s'en retire.
La Grotte est faite en Dome, & presente aux regards,
Cent Festons naturels, pendans de toutes parts.
Leurs feüilles & leurs fruits, sont faits d'eau congelée;
Vne Algue tousiours verte, à ces fruits est meslée;
Elle fait dans l'Ouurage vn beau compartiment,
Et cette herbe qui rampe, en est tout l'ornement.
Cent filets de Cristal, à veines ondoyantes,
Brillent, & font briller ces Pierres verdoyantes:
Tout y paroist de Iaspe, & pour charmer les yeux,
Cette onde à flots d'argent, sourt & coule en cent lieux.
Ce fut dans ce seiour, aussi frais qu'il est sombre,
Que des obiets absens, se retraçant vne ombre,
L'infortuné Timandre entama ces propos,
Lors que ce beau Phantosme eut troublé son repos.
Vous à qui ie fais voir mes tristesses cachées,
Deesses de la Mer, ne soyez point faschées,
Si ie vois vos appas d'vn œil si langoureux,
Et si proche de vous, ie me dis mal-heureux.
Si ie n'auois quitté que les Pompes du Louure,
Où tant de marbre esclate; où tant d'or se descouure;
Si ie n'auois quitté que ces superbes Ponts,
Qui s'esleuent sur l'onde, aussi hauts que des Monts:

Si ie n'auois quitté que ces Places publiques,
Qu'vn long rang de Palais, forme si magnifiques ;
Si ie n'auois quitté qu'vn fleuue de Cristal ;
Que l'orgueil de cent Tours ; que des Rois de Metal :
Que ces rares Tableaux, qu'acheue la Peinture ;
Que ces Temples fameux, en leur Architecture :
Bref, si du seul Paris ie viuois exilé,
Malgré mes desplaisirs vous m'auriez consolé.
Mais pourrez vous m'entendre, & n'auoir point d'enuie ?
Ce n'est que dans Paris qu'est la grande Siluie ;
Ce n'est que dans ce Ciel que brillent ses appas ;
Et c'est ne voir plus rien, que de ne la voir pas.
Telle que vous parut aux Nopces de Pelée,
La Reine qui commande en la voûte Estoilée ;
Telle, & plus rare encor, paroist cette Beauté,
Car elle a moins d'orgueil, & plus de Maiesté.
L'air de son beau visage est si noble, & si graue,
Qu'à moins que d'estre Roy, l'on n'en peut estre Esclaue ;
Et ses yeux tous puissans, qui sont faits pour regner,
Perdroient tout l'Vniuers s'ils vouloient tout gagner.
Cherchez dans vos Thresors toutes les belles choses ;
Des branches de Coral de la couleur des Roses ;
Des branches de Coral, de la couleur des Lis ;
Cherchez des Diamans d'inestimable prix ;
Aportez de vos bords, l'Or, le Iaspe, & l'Albastre ;
Les Perles qu'vn Romain vit à sa Cleopatre,

Ioignez

Ioignez y la couleur dont la Pourpre se peint ;
Et rien n'aprochera de l'esclat de son taint.
O Nimphes d'vne Mer qui partage la Terre,
Demandez à vos Sœurs que l'Ocean enserre,
(Elles qui l'ont pû voir sur leurs illustres bords)
Si rien peut égaller son esprit & son corps.
Non, son corps est diuin ; & son ame est diuine ;
Elle ne dément point sa celeste origine ;
Son air tousiours modeste exprime sa bonté ;
La neige de son taint marque sa pureté ;
Et la haute vertu qu'elle met en vsage,
Va de l'esprit au cœur, & du cœur au visage ;
On l'entend par sa bouche ; on la voit par ses yeux ;
Mais telle qu'en la Terre elle descend des Cieux.
Lors que le mauuais sort du Grãd Siecle où nous sommes,
Eut mis entre les Dieux le plus parfait des Hommes,
Ce Grand, ce redoutable, & redouté Heros,
Qui non plus que le Ciel, n'eut iamais de repos ;
Qui veilloit sur la Terre, & de qui la prudence,
Fut l'effroy des Tyrans ; l'appuy de l'innocence ;
La force de l'Estat ; la gloire de nos iours ;
Et l'Exemple eternel des Princes & des Cours.
Que ne dit elle point dans l'excés de sa peine !
Contre ses beaux cheueux sa main fut inhumaine ;
Mais tousiours plus aimable, au milieu des douleurs,
Vos Perles valoient moins que celles de ses pleurs.

En fin il le faut dire, en defpit de l'Enuie,
Il n'eft rien fous le Ciel au deffus de Siluie :
Elle eft incomparable en rares qualitez ;
Et n'a point eu d'Autels, qu'elle n'ait meritez.
Que vous diray-ie encor, d'vne illuftre Romaine ?
Qui des riues du Tibre, aux riues de la Seine,
A fait voller fa gloire, & reuerer fes loix :
Albe conte les fiens, entre fes premiers Rois ;
Ce n'eft qu'auec refpect que l'Hiftoire les nomme ;
Et fon antique Race eft plus vieille que Rome :
Mais quelque Maiefté que cette Race ait eu,
Elle prend fon efclat de fa feule vertu.
C'eft nommer la Vertu, que nommer Artenice :
Elle eft l'amour des bons ; elle eft l'effroy du vice ;
Et fon diuin Efprit, plus grand que l'Vniuers,
A cent fois efpuifé noftre Encens, & nos Vers.
Ouy, par elle la France égalle l'Italie :
L'vne eut fon Artenice, & l'autre a fa Iulie :
Fille égalle à fa Mere, en beautez, en pouuoir ;
Et qui n'ignore rien de ce qu'on doit fçauoir.
Telle deffus vos bords, adorable, mais fiere ;
Se fit voir autre fois la Deeffe Guerriere,
Lors que contre Neptune elle ofa difputer,
Ce que depuis Ouide a fçeu fi bien chanter.
Iulie en a le port ; Iulie en a la taille ;
La Maiefté la fuit, en quelque part qu'elle aille ;

Et les Muses cent fois, à son port, à son pas,
L'ont prise pour Minerue, & ne la quittoient pas.
Mais pourrois-ie oublier l'immortelle Amarante ?
Cette Nimphe aux yeux bleus, si belle & si galante ;
Cét esprit complaisant, adroit, & delicat ;
Cét esprit lumineux qui brille auec esclat :
Mais qui suiuant tousiours la raison qui le guide,
Est encor moins brillant qu'il ne paroist solide.
Vous auez moins de flots, qu'elle n'a de bontez ;
Vous auez moins de vents, qu'elle n'a de beautez ;
Et qui voudroit nombrer tout ce qu'elle a d'aimable,
Voudroit tarir la Mer, & compter vostre sable.
Que ne dirois-ie point de deux celestes Sœurs ?
Si d'vne rude voix i'exprimois leurs douceurs ;
Celle qu'vn Dieu poursuit d'Elide en la Sicile ;
Ni l'Amante de Glauque, ou la Mere d'Achille ;
N'ont rien de comparable à ces ieunes Soleils,
Qui proche de la Seine esclatent sans pareils.
Beaux Escueils animez, dangereuses Sereines,
Dont les yeux & la voix, sur les humides Plaines,
Rauissent tous les cœurs ; charment tous les Nochers ;
Malgré le bruit des flots, & l'aspect des rochers.
Quelque charme puissant qu'ait eu vostre Musique,
Il faut que vous cediez à la voix d'Angelique ;
Vn Grec se pût sauuer, en despit de vos sons ;
Mais il n'est point d'Vlysse, où l'on oit ses Chançons :

Par ses yeux, par sa voix, il faut que tout perisse;
Mais dans ce beau naufrage, heureux qui n'est Vlysse:
Heureux (dis-ie) qui peut, & la voir, & perir;
Heureux (dis-ie) qui peut, & l'entendre, & mourir.
A ces mots, l'eau boüillonne, & la Mer agitée,
Fait vn sentier humide à l'inconstant Prothée:
Glauque paroist sur l'eau; l'on y voit les Tritons;
De leur Conque marine, ils font oüir les Tons;
Et Neptune luy mesme, ayant calmé l'orage,
Sur vn Char azuré s'aproche du riuage.
Tous portent à la main vn thresor precieux,
Que du fond de la Mer ils vont monstrer aux Cieux:
Et comme ce recit, à leur ame échauffée,
Sur le haut d'vn rocher ils dressent vn Trophée:
Mais superbe; mais grand; mais sans pair, & sans prix;
De Perles, de Coral, de Nacre, & d'Ambre gris.
Lors on voit replonger cette Troupe Diuine;
Elle s'éuanoüit dessous l'onde marine;
Et cent Cercles flottans, l'vn dans l'autre enlacez,
Paroissent, vont croissant, & puis sont effacez.
Or comme le Soleil alloit tomber sous l'onde,
Timandre sans quitter sa tristesse profonde,
Va reuoir du Chasteau le sommet glorieux;
Là ce qu'il dit aux flots, il le redit aux Cieux:
Et les Cieux adorant vn obiet adorable,
Respondent à sa voix, d'vn esclair fauorable:

Tout l'air s'en illumine, aux lieux d'où le iour fuit;
Et le Nom de Siluie esclate dans la nuit.

VERS
A Mʳ DE RAMPALLE,
POVR Mᵉ LA COMTESSE
de Tournon, à present Madame
la Vidame.

Onneur de la Prouence, Ami sçauant & sage,
I'emporte dans l'esprit la Triomphante Image,
De cette belle Nimphe, en qui brillent des Cieux,
Comme riches Thresors, mille dons precieux.
Elle me suit par tout, cette Image adorable;
Et par tout mon esprit la trouue incomparable.
Ie la voy sur les eaux; ie la voy sur les Monts;
Son esclat vient percer les plus obscurs Vallons;
Et par tout esleuant des Autels à sa gloire,
Ce lumineux Fantosme occupe ma memoire;

La remplit de splendeur ; & se monstre à mes yeux,
Tel qu'à des yeux mortels, aparoissent les Dieux.
Ie revoy ce beau taint, qui fait rougir l'Aurore ;
Ces Roses & ces Lis, qui font dépit à Flore :
Mais ie les voy paroistre auec un tel esclat,
Que le sang de Venus estoit moins incarnat,
Lors que la main d'un Grec frapant ces belles choses,
En fit rougir la Terre, & les premieres Roses.
Mais ie les voy paroistre auec tant de blancheur,
Ces Lis qui de ce taint composent la fraicheur,
Que sur les hauts sommets des Montagnes chenuës,
La neige a moins d'esclat, quand elle sort des nuës.
Mais les Dieux en formant la belle Amarillis,
Confondirent si bien ces Roses & ces Lis,
Que par ce beau meslange, où brille tant de grace,
Les Roses & les Lis n'ont rien qu'elle n'efface.
Ie revoy ces beaux yeux, où paroist tour à tour,
Ou plustost à la fois, la Pudeur & l'Amour.
Ces yeux, Miroirs ardens ; ces sources de lumiere ;
Ces Astres sans pareils, en leur clarté premiere,
Qui bruslent tous les cœurs ; qui peuuent tout charmer :
Ces yeux qui se font craindre, & qui se font aimer.
Ie revoy cette bouche, ou plustost ie l'admire,
Qui lors qu'elle sourit, fait que chacun soupire,
Et de qui la beauté nous monstre en souriant,
De plus riches Thresors, que ceux de l'Orient.

Ie reuoy tous ces traits, que la docte Nature,
A si bien compassez d'vne iuste mesure :
Et cét air agreable, en sa viuacité,
Qu'on nomme auec raison, l'ame de la Beauté.
Ie reuoy cette taille, & si noble & si belle ;
Cette Grace des Cieux qui volle à l'entour d'elle ;
Ce port, cette douceur, ce ton de voix charmant,
Et de ce doux Esprit, l'ineuitable Aimant.
Enfin il le faut dire, & le dire sans feinte,
Elle est plus belle encor, que ie ne l'ay dépeinte :
Mes Pinceaux, & mon Art, n'en sçauroient aprocher ;
Et ie monstre vn Portrait que ie deurois cacher.
Des riues de la Seine, aux riues de la Saone,
Et des bords de nos Mers, aux bords de vostre Rhosne,
Quoy que ces diuers lieux soient assez embellis,
Ie n'ay rien veû d'égal aux yeux d'Amarillis.
Parmy le Crespe noir, son aimable visage,
Est comme le Soleil au milieu d'vn nuage :
Et dans l'obscurité d'vne sombre couleur,
L'esclat de son beau taint, a lumiere & chaleur.
L'Amour volle aupres d'elle, & suit tousiours ses traces ;
Il la prend pour sa Mere, à cause de ses Graces ;
Mais encor que sa Mere ait mille & mille appas,
Ie doute auec raison, s'il ne l'offence pas.
O seiour bien-heureux ; Iardins de l'Athenée ;
Ville que ie prefere à la Ville d'Enée :

Lion, si dans tes Murs elle n'a cent Autels;
Si tu ne la mets pas au rang des Immortels;
Si cent Marbres grauez, n'esleuent sa memoire,
Puisse bien tost Paris t'oster toute ta gloire;
Que cét Astre brillant luise en d'autres Climats,
Et laisse pour iamais, tes Monts, & tes frimats.
Ie sens, ie sens le Dieu, qui m'agite & m'inspire,
Que bien tost dans la Cour s'estendra son Empire:
Et que cette Beauté qui regne sur les cœurs,
S'y fera des Captifs, des plus fameux Vainqueurs.
Apollon me fait voir cent mains victorieuses,
Porter auec respect ses chaines glorieuses:
S'attacher à son Char, & faire vanité,
De perdre en le suiuant repos & liberté.
Mais entre ces Captifs qui redoublent son lustre,
Ie voy desia paroistre vn ieune Esclaue illustre,
Qui prendra la Couronne apres cent maux souffers,
Des mains d'Amarillis, & sans quitter ses fers.
Le Dieu qui sur Parnasse a fait tant de miracles,
Luy qui sçait l'aduenir, m'inspire ces Oracles:
Me les fait lire au Ciel, en Carracteres d'or,
Et me fait voir present, ce qui n'est pas encor.
Bien tost le Grand Heros, qui luy donna la vie,
D'vn des plus beaux des Dieux, seconderal'enuie:
Aprouuera qu'Himen r'alume son flambeau,
Et qu'vn pudique Amour s'esloigne d'vn Tombeau.

De

De ce flambeau d'Himen ie voy defia la flame;
Et pour pouuoir chanter vn bel Epithalame,
Ma Muse qui cherit cette Nimphe des Cieux,
A defia pris sa Lire aux tons harmonieux.
Mais cét illustre soing appartient à la tienne;
Elle aspire à la gloire, il faut qu'elle l'obtienne:
Ie luy cede, il est iuste; & ie battray des mains,
Lors que tu charmeras les Dieux & les Humains.
Va donc sçauant Thersandre, où la Gloire t'inuite:
Va, dis-ie, couronner vn si rare merite:
Et porter son renom sur l'aisle de tes Vers,
De Lion, à la Cour, & par tout l'Vniuers.

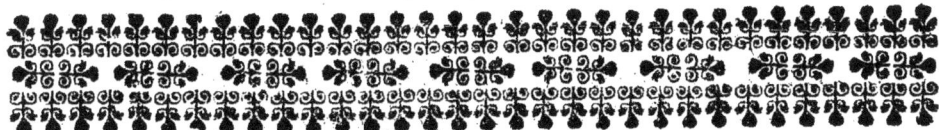

DESCRIPTION
DE LA BELLE MAISON
de Monsieur de Balzac.

Et Astre lumineux, qui presqu'à tous les Mois,
Iette des rayons d'or, sur les champs Angoumois;
Luy de qui la splendeur esclatante & feconde,
Est l'ame des Beautez, & la beauté du Monde;
Luy qui brille en ces Champs, d'un esclat vif & pur,
Où se meslent à l'or, le Cinabre, & l'Azur;
Luy qui soir & matin pompeusement estalle,
D'un Thresor de Couleurs, la beauté sans égalle;
Luy qui par ce meslange, y charme tous les yeux,
N'est point ce que les miens regardent en ces lieux.
Ce Serpent argenté, qui plus doux que superbe,
Se glisse à longs replis, sous les fleurs, & sur l'herbe;
Qui d'un cours incertain, va, reuient, & poursuit;
Conduisant l'abondance où le Sort le conduit.

La belle, la tranquile, & paisible Charante,
Qui toute de Cristal, est toute transparante;
Peut occuper l'esprit; luy seruir d'entretien;
Mais ce n'est pas l'obiet où s'attache le mien.
Ce Theatre sans art, cette rustique Scene,
Que la Nature esleue au milieu de la Plaine;
Ces Colines, où l'œil rencontre tant d'apas,
N'ont que des ornemens que ie ne cherche pas.
Ces Bois, où le Silence a choisi sa demeure;
Où l'ombre & la fraicheur se trouuent à toute heure;
Font admirer à tous, cette sombre beauté,
Qui dispute de prix auecque la clarté:
Mais de quelques attraits, que l'ombre soit pourueuë,
Elle n'arreste icy, ni mon cœur, ni ma veuë.
Ces Chantres merueilleux, qui dans ce beau Dezert,
Forment auec iustesse vn merueilleux Concert;
Ces Chantres dont la voix en douceur infinie,
Sçait trouuer la mesure, & trouuer l'harmonie;
Ces Chantres dont la voix, s'esleue, se soustient,
S'abaisse en gemissant; enfin meurt, & reuient.
Ces Oyseaux si sçauans, sans qu'aucun les enseigne,
Soit qu'ils vãtẽt l'Amour, ou que leur Chœur s'en pleigne,
Dans leur diuersité, plaisent infiniment;
Mais pour moy leur Musique a trop peu d'agréement:
Ces Iardins cultiuez des propres mains de Flore;
Fauorisez du Ciel; arrosez par l'Aurore;

Ee ij

Où par tout la Nature est iointe auecque l'Art,
A peine de mes yeux obtiennent vn regard.
Ces grands & beaux Tapis, ces fecondes Prairies,
De qui le bel émail fait honte aux Pierreries;
Qui par l'éclat des fleurs, font quasi croire aux yeux,
Que les Astres brillans y sont tombez des Cieux;
Ou que lors que la nuit reprend ses sombres voiles,
Ce n'est que de ces fleurs qu'elle fait les Estoiles :
Ces Prez, dis-ie, où chacun trouue tant de plaisir,
Satisfont bien mes sens, mais non pas mon desir.
Ces Plantes dont vn Dieu se forme vne Couronne;
Ces Sources de Nectar; ces Thresors de l'Automne,
Qui meslent en ce temps, sur les Cotaux voisins,
Vn Pampre d'Esmeraude, aux Rubis des raisins;
Comme vn obiet plus grand, regne en ma fantaisie,
Pour moy ioindroient en vain au Nectar, l'Ambrosie :
Et de quelque douceur qu'on les puisse vanter,
Les Bachantes sans moy, peuuent bien les chanter.
Ces Pactolles dorez, dont le grain est l'Arene,
Que l'on voit ondoyer dans cette large Plaine,
Et qui du Laboureur, sont l'espoir & l'amour,
En vain mettent pour moy leurs richesses au iour;
Ie laisse leur esclat pour les yeux d'vn auare,
Et ie cherche vn Obiet, & plus riche, & plus rare.
Ces nombreux Escadrons; ces innocens Troupeaux,
Qui dans ce beau Climat font blanchir les Coupeaux;

Eux de qui la voix mesme exprime l'innocence ;
Eux de qui la couleur en donne connoissance ;
Aussi peu que le reste occupent mon esprit,
Et ne sont point l'Obiet que ma Muse décrit.
Enfin pour descouurir ce qu'on ne doit point taire,
Ie cherche seulement l'illustre Solitaire ;
Le trois fois Grand Balzac, ce Demon du Sçauoir ;
Que des bords d'Helicon, ma Muse va reuoir.
C'est luy qui dans ces lieux conçoit ces grandes choses,
Plus riches que ses Champs ; plus belles que ses Roses :
C'est luy de qui le Stile, à nul autre pareil,
Paroist plus lumineux, que l'esclat du Soleil :
C'est luy dont le discours qui charme tout le Monde,
A plus de pureté que n'en fait voir cette onde :
C'est luy de qui l'esprit s'éleue glorieux,
Comme vn superbe Mont qui s'aproche des Cieux :
C'est luy de qui l'esprit sous ces Bois les plus sombres,
Fait briller cent rayons, qui dissipent leurs ombres :
C'est luy de qui la voix fait taire en ces Dezerts,
Des plus sçauans Oyseaux, les plus sçauans Concerts :
C'est luy de qui l'esprit comme vn Iardin fertile,
Mesle & confond tousiours le plaisant à l'vtile :
C'est luy dont les Escrits, si riches en couleurs,
Peuuent ternir des Prez, les plus aimables fleurs :
C'est luy de qui l'esprit sans égal en puissance,
Du Mont & de la Plaine égalle l'abondance :

Ee iij

C'est luy dont la vertu, met en la volonté,
Des Troupeaux innocens, l'innocente bonté :
Bref c'est luy que ie cherche ; & c'est luy que i'admire ;
Plus que tous les Obiets que ie viens de décrire.
Mais aimables Obiets, ne vous offencez pas,
Si ie vous fais ceder à de si grands appas :
Et ne craignez iamais, que vostre gloire meure,
Puis que le Grand Balzac fait chez vous sa demeure.
Soleil, si tes rayons occupent ses regards,
C'est plus que d'esclairer le Throsne des Cesars :
Fleuue, si sur ta riue il medite vn Ouurage,
Le Tibre imperieux en reçoit vn outrage :
Car ses fameux Latins n'ont rien fait sur ses bords,
Que Balzac ne surmonte en ses moindres efforts.
Colines, vous brillez par l'esclat de cét Homme,
Plus que les sept Cotaux qui s'éleuent à Rome :
Arbres, vous surpassez par cette docte voix,
Les Oracles fameux que rendirent des Bois :
Et l'on ne conte rien des Chesnes de Dodonne,
(Si vous auez Balzac) que vostre ombre ne donne.
Oyseaux, s'il vous escoute, on doit plus estimer,
Les Sereines des Bois, que celles de la Mer :
Et ie veux desormais, que ma Muse soustienne,
Que vostre belle voix ne cede qu'à la sienne.
Iardins, puis qu'il vous voit, ie vous estime encor,
Plus que ceux d'Hesperie, où les fruits estoient d'or :

Prez, puis qu'entre vos fleurs ce bel Esprit compose,
Himette n'eut iamais vne si belle chose :
Tertres pleins de raisins, s'il va vous visiter;
Plaines, si sur vos bleds son œil daigne éclater;
Bachus au bord de l'Inde, & Cerés en Sicile,
N'ont rien veû qui ne cede à ce Terroir fertile.
Troupeaux, ie vous prefere en cét heureux Vallon,
A ces fameux Troupeaux que gardoit Apollon.
Enfin charmans Obiets, ie veux à vostre gloire,
Dresser vn Monument d'eternelle memoire :
Où tous les beaux Esprits viendront lire en ces Bois,
Icy le Grand Balzac, composoit autres fois.

INVITATION
AVX POETES, EN
faueur de feu Mr Mascaron.

Arbitres de la Gloire, & de la Renommée,
Vous qui par vos Escrits, dont la Cour est charmée,
Pouuez eterniser vn renom precieux,
Et porter vn Mortel iusques dedans les Cieux.
Vous qui seuls dispensez, & l'éclat, & la gloire ;
Vous qui seuls couronnez, apres vne victoire ;
Vous Iuges Souuerains, de la Prose & des Vers ;
Vous de qui le Grand Nom a rempli l'Vniuers ;
Vous qui malgré le Temps, les Siecles, & les Lustres,
Estes les deffenseurs des Personnes illustres ;
De grace, en ma faueur, soyez l'Aigle auiourd'huy,
Qui porte Mascaron, au Ciel digne de luy.
Prestez à mon Ami, vos Plumes immortelles ;
Soyez de sa vertu les Trompettes fidelles ;

Publiez

Publiez hautement, sa gloire en chaque part,
Et n'espargnez pour luy, ni vos fleurs, ni vostre Art.
Dittes à l'Vniuers, qui croit ce que vous dittes,
Qu'il est peu de Lauriers égaux à ses merites:
Qu'il tient vn rang illustre entre les beaux Esprits;
Que Minerue elle mesme a dicté ses Escrits;
Et qu'en considerant leurs richesses infuses,
L'on voit qu'il est suiui des Graces & des Muses:
Que l'Art & la Nature y meslent doctement,
Et la beauté naïfue, & le riche ornement:
Et que brillant par tout de feux & de lumiere,
Et tel que le Soleil, en sa clarté premiere;
Il donne lieu de croire, auec iuste raison,
Que bien tost sa splendeur remplira l'Horison.
Dittes qu'entre les fleurs, & les flots de Prouence,
Et proche de ces Murs, fondez par le Phocence,
Cette immortelle Abeille a composé ce Miel,
Plus doux que n'est celuy qui nous tombe du Ciel.
Enfin en sa faueur (si vous daignez escrire)
Vous pourrez dire tout, sans crainte de trop dire.
Allez sur ma parole, où vous deuez aller;
Aigles, voicy l'Heros, commencez à voller;
Et trouuant parmi l'air des routes inconnuës,
Faites briller cét Astre, & sans tache, & sans nuës.
Pour moy sur vn rocher, esloigné des humains,
Ie le suiuray des yeux, & ie battray des mains:

Et raui du Triomphe où sa vertu l'apelle,
Ie n'apelleray plus la Fortune infidelle ;
Ie me consoleray de tous mes déplaisirs ;
Et l'heur de mon Ami bornera mes desirs.
Vous qui m'auez aimé ; vous tous que i'aime encore ;
Grands & fameux Esprits, que l'Vniuers adore,
Si d'vn pauure Exilé, la voix vous peut toucher,
Estimez ce que i'aime ; aimez ce qui m'est cher.
Celuy dont ie vous parle, a d'vn ton magnifique,
Fait à nostre Mecene vn beau Panegyrique :
Il a fait pour ARMAND, vn genereux effort ;
Il a chanté sa gloire, & mesme apres sa mort.
Il entreprend encor, dans l'amour qui le brusle,
D'esleuer vn Trophée, à la gloire de IVLE :
Mais s'il veut que son Nom volle par l'Vniuers,
Qu'il imite vn Heros, & qu'il aime nos Vers.
Laissez vous donc toucher à des vertus si rares :
Pour ce genereux Grec, ne soyez point Barbares :
Imitez auiourd'huy les Maistres des humains ;
Marseille fut iadis l'Escolle des Romains ;
Estimez donc comme eux, en ce Siecle où nous sommes,
L'vnique Successeur de ces merueilleux Hommes.
Voyez dans son Ouurage, aussi Grand que Diuin,
Et l'Eloquence Greque, & le sçauoir Latin :
Et voyant sa vertu, sans haine & sans enuie,
Mettez au rang des Dieux, vn homme encor en vie.

Beaucoup de leur Tombeau, se sont faits un Autel;
Mais iamais l'Vniuers n'aura rien veû de tel.
Ainsi puisse tousiours vostre gloire & la sienne,
Monter iusques au point où ie voudrois la mienne:
C'est le plus grand souhait que ie puis conceuoir;
Et le plus grand bon-heur que ie pourrois auoir.

TOMBEAV
D'VNE DAME MARIEE,
où son Mari parle.

LA Mort veut separer ce que l'Amour a ioint;
Mais elle veut en vain, ce qu'elle ne peut point:
Quoy qu'elle face voir sa force sans égalle,
La Palme est assurée, à l'amour coniugalle:
Et ce feu tout diuin, & si pur, & si beau,
Conserue son esclat dans cét obscur Tombeau.
Vn cœur tombe au Sepulchre, & l'autre y veut descendre;
L'vn est encor de flame, où l'autre n'est que cendre;

L'vn est mort; l'autre meurt: mais tous deux en ce iour,
Deuiennent immortels, par l'immortelle amour.
L'vn mourroit comme l'autre, en suiuant son enuie;
Mais pour la r'animer il conserue sa vie:
Enfin tous deux sont morts; mais par vn seul trespas;
Et tous deux sont viuans puis que l'vn ne meurt pas.
Passant, si ton esprit auoit peine à m'entendre,
Aime, & perds ton amour, si tu me veux comprendre.
Tu sçauras que l'on meurt auec l'Obiet aimé;
Tu sçauras que l'on vit, pour le voir r'animé;
Va Passant, ma douleur n'en peut dire autre chose:
Souffre que l'vn soupire, & que l'autre repose;
Ainsi (pour te payer, par des vœux innocens,)
Ignores tu tousiours la douleur que ie sens.

ELEGIE
Pour vne Dame cruelle.

Enfin il faut ceder, & perdre auec le iour,
Cét espoir qui fait naistre, & fait viure l'Amour:

Le bien où ie pretens, n'a plus nulle apparence ;
Ie perdrois la raison, conseruant l'esperance ;
Pour abuser mon cœur, elle a beau discourir ;
Ie connois Aristée, & sçais qu'il faut mourir.
Trompeuse, qui seduis plus d'vne ame credulle,
Qui monstres des plaisirs au malheureux qui brulle,
Luy cachant ce qui nuit ; luy monstrant ce qui plaist,
Et le faisant songer, tout esueillé qu'il est.
Esloigne de mes sens, tes charmantes chimeres,
Ie n'ay que trop gousté de tes douceurs ameres :
Non, ie n'ay que trop pris de ce mortel poison,
Qui trouble le repos, autant que la raison.
Va, ne m'aproche plus, Sorciere dangereuse :
Laisse languir en paix vne ame malheureuse :
Laisse, laisse luy voir, sans nul déguisement,
Le precipice affreux, qui l'attend iustement.
Ne couure point de fleurs cét affreux precipice ;
Ie connois mon malheur ; ie connois ta malice ;
La Verité fidelle, auec son clair flambeau,
Dissipe ton nuage, & fait voir mon Tombeau.
En tous lieux, en tout temps, la Fortune irritée,
Me fait souffrir l'orgueil de la belle Aristée :
Quatre fois la Nature a changé les Saisons ;
Quatre fois le Soleil a reueû ses Maisons ;
Et quatre fois cét Astre, Autheur de toutes choses,
A veû fondre la neige, & fait naistre les Roses,

Depuis que ce bel œil captiua mon esprit,
Et qu'vn de ses regards, blessa mon cœur qu'il prit.
Par de profonds respects, mon ame l'a seruie ;
Ce cœur pour s'immoler, a méprisé la vie ;
Il a beaucoup souffert, beaucoup dissimulé ;
Il a veû sa froideur lors qu'il estoit bruslé ;
Et loing de l'esmouuoir, par vn iuste reproche,
Les torrents de mes pleurs n'ont touché qu'vne roche :
Rien ne sçauroit changer la rigueur de mon sort ;
Comme elle a veû mes pleurs, elle verra ma mort ;
L'insensible qu'elle est, n'en peut estre touchée ;
Cét adorable Aspic a l'oreille bouchée ;
Amour, cét Enchanteur, qui me charme auiourd'huy,
Pouuant tout contre moy, ne peut rien contre luy.
Se rendre son captif, c'est la rendre inhumaine ;
Luy donner son amour, c'est aquerir sa haine ;
Et comme si chacun songeoit à la trahir,
Il ne faut que l'aimer, pour s'en faire hair.
Si pour vn autre Obiet on la voyoit attainte,
I'aurois quelque esperance au milieu de ma crainte :
Comme vn autre à mon tour, ie pourrois la charmer ;
Et puis qu'elle aimeroit, elle pourroit m'aimer.
Mon bien est si douteux, & ma perte si claire ;
Qu'vn Riual me plairoit, au lieu de me déplaire ;
Ie verrois à regret, qu'il eust pû la dompter :
Mais ie verrois sa gloire, & i'y pourrois monter.

Que ie suis esloigné de cette triste ioye!
L'orgueilleuse qu'elle est, m'en oste bien la voye :
Quand des Rois comme moy, trembleroient sous ses loix,
D'vn œil plein de mépris elle verroit ces Rois.
Ouy, son superbe pied fouleroit leur Couronne ;
Leur Sceptre auroit le sort du cœur que ie luy donne ;
Et lors que sur le Throsne on la voudroit placer,
La fiere en y montant penseroit s'abaisser.
Des Dieux, mesme des Dieux, la puissance infinie,
Ne sçauroit adoucir son orgueilleux Genie :
Quand ils la voudroient mettre au rang des Immortels,
Elle refuseroit, l'Encens, & les Autels ;
Le Ciel seroit plus bas, que ses pensers sublimes ;
Et ces Dieux vainement s'offriroient pour victimes :
Paroissans pour ses yeux, amoureux, & constans,
Ils seroient méprisez par ces nouueaux Titans.
O Peintre sans couleurs ; Conseiller trop fidelle ;
Miroir qu'elle consulte, & qui la peints si belle ;
Ce que tu luy fais voir, augmente sa rigueur ;
Et ta Glace Miroir, en a mis dans son cœur.
En toy comme vn Narcisse, elle admire ses charmes ;
Tu luy fais remarquer ce que peuuent ses Armes ;
Et renuoyant les traits de ses puissans regards,
Mille, & mille rayons brillent de toutes parts.
Elle voit deux Soleils esclater dans ce verre ;
Et parmi ces Esclairs se forme le Tonnerre ;

Elle connoist sa force, & la veut employer ;
Et ses yeux sont des Dieux qui veulent foudroyer.
En vain par mille accords ie fais gemir la Lire,
Puis que soit que ie chante, ou soit que ie soupire,
Cét insensible Obiet de mes ardans desirs,
Méprise également, mes chants, & mes soupirs.
En vain par mille Vers ie luy trace vne Image,
Si belle que Venus luy viendroit rendre hommage ;
Puis qu'apres tous ces Vers, cette Diuinité,
Me donnera la mort, pour l'immortalité.
Obiet fier, mais charmant ; superbe Creature ;
Qui méprises le Peintre, autant que la Peinture ;
Puis que tu veux ma mort, ie suis prest à mourir ;
Commande seulement, tu m'y verras courir.
Mais iusqu'à mon trespas, souffre que ie te voye :
Qu'importe si ie meurs, de douleur, ou de ioye ?
Fains de voir à regret la Parque qui m'attend ;
Tu seras satisfaite, & ie seray content.
Ie mourray, mais heureux ; & dans cette auanture,
Il ne m'échapera, ni pleinte, ni murmure :
I'adoreray tes yeux ; ie beniray mon sort ;
Et baiseray la main qui causera ma mort.

ELEGIE

ELEGIE
A vne Dame.

Charmante Iris, ie ne sçaurois celler,
Que vos beaux yeux m'obligent à brusler:
Vn feu diuin, s'allume dans mon ame;
Permettez moy que i'en monstre la flame,
A ce bel œil qui cause mon souci;
Il l'a fait naistre, il doit la voir aussi.
Au mesme instant que i'aperçeus vos graces,
Ie fus vaincu; mon cœur suiuit vos traces;
Il adora vostre extréme beauté;
Et ie perdis repos & liberté.
Parmi les Bois, & parmi la Campagne,
Vn seul Obiet en tout lieu m'accompagne;
Et ce Desert pourra vous assurer,
Qu'à tous momens il m'entend soupirer.
Il vous dira que i'y respands des larmes;
Il vous dira que i'y dépeins vos charmes;

Et que ma voix quand ie parle de vous,
Charme la Terre, & rend le Ciel ialoux.
Ouy belle Iris, en vn lieu solitaire,
Qui comme moy sçaura tousiours bien taire
Vn feu secret, qui ne voit point le iour,
Vostre Portrait est tracé par l'Amour.
Arbres aimez, dittes à cette Belle,
Les sentimens que ie vous donne d'elle :
Ne dis-ie pas que son taint est pareil,
Au vif esclat du leuer du Soleil ?
Et que la Neige, & que la Rose encore,
Ont composé ce beau taint que i'adore ?
Ne dis-ie pas que ses yeux rauissans,
Ont des regards qui sont Maistres des sens ?
Et qu'il en part des rayons de lumiere,
Qui font rougir l'Aurore la premiere ?
Ne dis-ie pas que tout cœur est charmé,
Par l'incarnat du Coral animé,
Dont la Nature a composé sa bouche,
Qui d'vn souris toucheroit vne souche ?
Ne dis-ie pas que le ton de sa voix,
Feroit marcher les Rochers & les Bois ?
Que sa douceur penetre iusqu'à l'ame ;
Et qu'elle y porte, & l'amour, & la flame ?
Ne dis-ie pas qu'vn poil noir sans dessein,
Non-chalamment respandu sur son sein,

Me met au cœur le plaisir & la peine,
En regardant, & l'Albastre, & l'Ebene ?
Ne dis-ie pas que sa taille à mes yeux,
Est en effet le Chef-d'œuure des Cieux ?
Et que son port, & si haut, & si graue,
Me fait cherir la qualité d'Esclaue ?
Et m'a fait perdre en cét heureux Seiour,
Vn cœur sauué des Beautez de la Cour ?
Ne dis-ie pas que par vn beau meslange,
Comme le corps, elle a l'esprit d'vn Ange ?
Et que mon cœur trouue en son entretien,
L'vnique ioye, & le souuerain bien ?
Enfin chers Bois, dittes à cette Belle,
Que ie l'adore, & que ie meurs pour elle :
Que vostre escorce a le Nom du vainqueur,
Comme l'Amour l'a graué dans mon cœur :
Mais qu'en ce cœur sa gloire mieux tracée,
Par aucun temps ne peut estre effacée.
Diuine Iris, le sort en est ietté ;
Deussay-ie auoir pour ma temerité,
Le chastiment d'Ixion miserable,
I'adore en vous vn Obiet adorable.
Ouy, quand mon cœur deuroit tout endurer,
Il vous adore, & veut vous adorer :
Que vos mépris égallent mes seruices ;
Foudroyez moy, donnez moy des suplices ;

Gg ij

Vous connoistrez comme ie les cheris,
En adorant l'incomparable Iris.
Mais aprenez que ma perseuerance,
Subsistera sans aucune esperance :
Qu'vn plus heureux desire d'estre aimé ;
Veüille enflamer, se voyant enflamé ;
Et qu'il aspire à cette haute gloire,
Que donneroit vostre illustre victoire :
Pour moy qui crois qu'il n'est point de Mortel,
Digne d'offrir ses vœux sur vostre Autel,
Sans me regler aux sentimens d'vn autre,
I'offre mon cœur, sans demander le vostre :
Car i'aurois tort de vouloir en ce lieu,
Qu'vne Victime obtinst le rang d'vn Dieu.
Non non Iris, i'ay plus de retenuë :
Vostre beauté m'estant si bien connuë,
Et mes deffauts m'estans connus aussi,
L'vnique honneur, où ie pretens icy,
C'est d'adorer cette Beauté supréme,
Et de l'aimer cent fois plus que moy mesme.
Trouuez le bon, Obiet rare & charmant :
Considerez qu'on vous offre vn Amant,
De qui la Plume en tous lieux estimée,
Fait à son gré voller la Renommée.
Qui portera vostre Nom glorieux,
Par tout le Monde, & de là iusqu'aux Cieux :

Et qui rendra voſtre gloire immortelle,
Ayant deſia rendu ſa flame telle.
Ouy, ſi i'obtiens l'honneur de vous ſeruir,
Par vos Portraits i'eſpere tout rauir:
Ie vous peindray plus belle que les Anges;
Toute la Terre entendra vos loüanges;
Et mille Rois attirez par mes Vers,
Viendront vn iour des bouts de l'Vniuers,
Pour augmenter l'eſclat que ie vous donne,
Mettre à vos pieds leur Sceptre & leur Coronne:
Et leur reſpect viendra vous teſmoigner,
Qu'on peut enſemble, & ſeruir, & regner.

EPISTRE
A VNE DAME,
Luy enuoyant vn excellent Peintre.

A Vous s'en va, Nimphe aimable, & galante,
Du Mont Parnasse, vne Muse excellente,
Qui peut dépeindre auecque ses Pinceaux,
Vos yeux diuins, & si noirs, & si beaux :
Si toutesfois les Pinceaux d'vn Apelle,
Peuuent dépeindre vne chose si belle.
Muses sont Sœurs, comme bien le sçauez;
Et c'est pourquoy, Beauté qui tout pouuez,
Celle dont l'Art excelle en la Peinture,
A de la mienne emprunté l'escriture,
Afin d'offrir à vos charmans appas,
Tableaux parlans, & qui ne parlent pas.
Qu'à son dessein vostre bonté luy serue;
Protegez la; deuenez sa Minerue;
Vous en auez la sagesse & le port;
Rien à Pallas ne ressemble si fort;

Et sans mentir si vous estiez plus fiere,
L'on vous prendroit pour la chaste Guerriere,
Mais dans vos yeux l'on voit ie ne sçay quoy,
Qui peut donner plus d'amour que d'effroy.
Presentez donc vne Muse si rare,
A cét Abbé qu'aimeroit vn Barbare;
A cét illustre, & genereux Abbé,
Que sous Thiare on deuroit voir courbé.
Ie m'en dédis ; car cét excellent Homme,
Est mieux icy, qu'il ne seroit à Rome :
Et n'en déplaise à Messieurs les Romains,
Eux qui iadis furent nos Souuerains ;
Ils n'ont plus rien sur leur haut Capitolle,
Qui prés de luy, ne fust moins qu'vne Idolle :
Qui ne cedast à cét Homme estonnant,
Y fust encor leur Iupiter Tonnant.
Si vous voulez, ô Nimphe aimable & belle,
Que l'on partage vne gloire immortelle,
En sa faueur faites couler aussi,
Les Torrents d'or, de la Nimphe d'ISSI.
Ces Torrents d'or, qui iamais ne tarissent ;
Ces Torrents d'or, qui souuent nous rauissent ;
Car cette Nimphe en son doux entretien,
Parle beaucoup, & parle tousiours bien.
Si vous croyez estre mieux escoutée,
Faites parler la Nimphe redoutée :

Nimphe agreable, & de plaisant esprit;
Mais que l'on craint autant qu'on vous cherit.
O Nimphe adroite, & qui causez nos craintes,
Laissez en paix, les Demoiselles peintes:
Espargnez les; & plustost tourmentez,
Galants en vie, & viuantes Beautez.
Vous qui de tous, estes par tout loüée,
Nimphe brillante, & d'humeur enioüée,
Et qui d'vn œil qu'adore maint Vaillant,
Lancez vn feu subtil, & petillant:
Ioignez vos vœux aux vœux de cette Muse;
Elle est sçauante, & toutefois confuse:
Reconnoissant que son foible Pinceau,
Aupres de vous, ne fera rien de beau.
Rares Obiets, Diuinitez visibles,
Qui de la Seine aux flots tousiours paisibles,
Ornez la riue, & rendez Petibour,
Lieu preferable au Celeste Seiour.
A cette Muse accordant sa requeste,
Vne autre Muse est desia toute preste,
D'aller cueillir sur Parnasse des Fleurs,
Pour vous parer d'immortelles couleurs.
Sa main sçait l'art d'en faire des Couronnes;
Vous en aurez, ô diuines Personnes;
Mais d'vn esclat si pompeux dans vos Bois,
Qu'il ternira les Couronnes des Rois.

EPISTRE

EPISTRE
A THIRSIS.

A Toy s'en va (mais où le Sort la guide,
A Montserrat, ou dans la Thebaïde)
Ma triste Epistre; à toy qu'on ne voit plus,
Et qui deuiens vn Hermite reclus.
Sous quel rocher, bizarre Anachorete,
Dans ton erreur, as tu pris ta retraite?
Parle du moins; afin que ce rocher,
Te respondant, m'aprenne à te chercher.
Parle du moins, dans ta fureur extréme;
Fais que l'Echo redise apres toy, i'aime.
Mais i'ay moy mesme vn ceruean de trauers:
De tels Echos ne se trouuent qu'en vers:
Et hors des Vers, cette Nimphe qui brusle,
Parle si peu, qu'elle en est ridicule:
Elle respond, mais à bastons rompus;
Et dans trois mots elle ne respond plus.

Cruel Ami, qui te rends inuisible,
A quel malheur ton cœur est il sensible ?
Quel accident t'oblige à nous quitter ?
Pourquoy te perdre, & te precipiter ?
As tu perdu tes thresors dans l'orage ?
Thirsis, ta flotte a t'elle fait naufrage ?
Ou sans aller sur l'Empire de l'Eau,
L'aurois tu fait plustost chez la Blondeau ?
Vn Chicaneur suscité par l'Enuie,
A t'il troublé le calme de ta vie ?
Et te voit on, & iours, & mois entiers,
Enuironné de Sacs & de Papiers ?
Es tu captif ? es tu sain, ou malade ?
Ou si chargé de ta longue estocade,
Vne querelle, vn sanglant different,
Fait de Thirsis vn Cheualier errant ?
Si ce malheur t'engage en ces vacarmes,
Ressouuiens toy que ie suis homme d'Armes :
Et que ma Muse, auec flamberge au poing,
Sçait escrimer quand il en est besoing.
Mon cher Thirsis, l'impitoyable Parque,
Qui ne connoist, ni Reine, ni Monarque,
De ce grand Dard, qui de tout est vainqueur,
A t'elle attaint la Reine de ton cœur ?
Si cette perte a causé ton absence,
Sors de la vie, & non pas de la France :

Estre viuant, c'est estre sans raison;
Et ce grand mal, guarit par le poison.
Mais grace aux Dieux qui conduisent les Astres,
Tu n'as souffert aucun de ces desastres:
Et si le Sort t'affligeoit à ce point,
Ie t'aime trop, pour ne le sçauoir point.
Qui donc Thirsis te dérobe à ma veuë?
D'où me prouient cette perte impreueuë?
Plus mon esprit tasche à le deuiner,
Et moins Thirsis il peut l'imaginer.
Quelqu'vn m'a dit, qu'apres vn long voyage,
Il t'a trouué dans vn Dezert sauuage,
Triste, pensif, pasle, & défiguré,
Sur vn rocher, comme vn desesperé:
Et te plaignant d'vne ingrate Maistresse,
Qui n'a pour toy, que mépris, que rudesse;
Et dont le cœur peu sensible à pitié,
Respond fort mal à ta tendre amitié.
Seroit il vray? Thirsis, le dois-ie croire,
Que ce brouillars formé de bile noire,
De ton esprit offusquast la clarté;
Esprit brillant, comme vn Soleil d'Esté.
Auant Thirsis, que viure de la sorte,
Va sans tarder; va te pendre à sa porte:
Elle verra du moins ton desespoir,
Au lieu qu'absent elle ne le peut voir.

Dis moy Thirsis, veux tu qu'elle deüine ?
Qui luy dira quelle est ta triste mine ?
Qui luy dira, ces soupirs, ces sanglots ;
Et ces ruisseaux qui courent à grands flots ?
Crois moy Thirsis, le stile d'Elegie,
Sur ieunes cœurs a fort peu d'energie :
L'Amour Enfant, se plaist à se ioüer,
Et par des ris il faut l'amadoüer.
Tristes Amants, demeurent long temps tristes ;
Et ce n'est pas ce qu'il faut aux Calistes.
C'est le plaisir qui peut charmer leurs sens,
Et fleches d'or ne sont point pour absens.
Assurément ta maxime t'abuse :
Vn Arc Thirsis, n'est pas vne harquebuse :
Et souuiens toy sous tes sombres Ciprés,
Qu'Amour Archer ne tire que de prés.
Dans le malheur où ton courage cede,
Songe Thirsis que ton Riual l'obsede :
Qu'il se preuaut de ton esloignement ;
Qu'il s'introduit par ton bannissement ;
Que la Beauté qui fait ton amertume,
En ton absence, à le voir s'acoustume,
Peril si grand, qu'on ne peut l'exprimer ;
Car ce qu'on souffre, enfin se peut aimer.
Ton desespoir va iusqu'à la furie :
Change Thirsis, change de batterie :

Il te sied bien d'estre vn vray Marabou;
Il te sied bien de faire le hibou;
L'Oiseau nocturne, & de mauuais augure;
Le Cheualier de la triste figure;
Il te sied bien de faire le piteux,
Comme vn Prescheur en temps calamiteux:
Et de t'enfler dans ton humeur chagrine,
Comme les Vents peints en Carte marine.
Beaux Tenebreux *qui procedent ainsi,*
Trouuent souuent *la Dame sans mercy.*
Amour les chasse, & les traite en prophanes;
Tels Amadis trouuent peu d'Orianes.
Et dans le temps qu'ils soupirent tous seuls,
La Belle dort entre deux beaux linçeuls;
L'insensé veille, & la sage repose;
La Belle dort, on fait quelqu'autre chose:
Bref, qui veut vaincre aux amoureux combats,
Presse, persiste, & ne s'esloigne pas.
Ce n'est pas là qu'il faut combattre en Parthe:
Du Monde aimant, tu sçais fort mal la Carthe,
Si pour aller au cœur d'vne Beauté,
Comme vn Rameur tu vas d'autre costé.
Reuiens Thirsis, où ton deuoir t'apelle:
Ta Nimphe Iris ne fut iamais si belle:
Telle en ce iour a le cœur inhumain;
Telle te fuit, qui t'aimera demain.

La resistance, est ce qui fait la gloire :
Le mal est doux, suiui de la victoire :
Et le Triomphe a tout son ornement,
Lors qu'vn grand cœur ne l'a pas aisément.
Reuiens Thirsis, vers ta ieune Carite ;
Gagne le sien par ton rare merite ;
Trauaille, escrits ; & fais que l'Vniuers,
En ta faueur luy parle de tes Vers.
Ton rare Esprit ne connoit pas ses charmes :
Ie te predis qu'elle rendra les armes ;
Ie te predis que tu seras content,
Et qu'à Paris la Couronne t'attend.
Tiens toy certain de la voir sur ta teste :
Nostre Apollon est excellent Prophete :
Ie sens le Dieu qui le dit à mon cœur ;
Qui m'en assure, & te nomme Vainqueur.
Mais insensé, si ton chagrin persiste,
Puisse ton sort n'auoir rien que de triste ;
Que tes rochers te refusent leurs troux ;
Que sur ta teste il pleuue des cailloux ;
Et que la nuit l'œil effroyé te voye,
Moine bourru, sans plaisir & sans ioye :
Vray Loupgarou, visitant les Tombeaux ;
Pasle, deffait, & couuert de lambeaux.
Ou pour te faire vn souhait plus estrange,
Puisse vn Riual posseder ton bel Ange :

Si tu fremis à ce nom de Riual,
Reuiens Thirsis, pour esuiter ce mal.

EPISTRE
A DORIS.

Nimphe des Bois, belle Muse Champestre,
Ayant Moutons, & les enuoyant paistre;
Ou la raison n'est plus dans mes discours,
Ou l'Hiuer mesme a pour vous de longs iours.
Que faites vous dans cette Solitude,
Pour vous la rendre, ou plus douce, ou moins rude?
Mais de ces deux, comme vn seul suffira,
Prenez Doris, lequel il vous plaira.
Que faites vous dans ce lieu Solitaire?
Y parle t'on? sçait on au moins s'y taire?
Car où l'esprit est suiet aux faux pas,
Ce n'est pas peu, que de ne parler pas.
Quand par trois fois vostre Horloge emplumée,
Vous a marqué son heure accoustumée,

Ou pour parler auec moins de destour,
Quand vostre Coq vous a dit qu'il est iour.
Ie croy vous voir encor toute assoupie,
Maudire Coq, Poulle, Coq d'Inde, & Pie;
Fâcheux Oyseaux, de qui l'importun bruit,
Semble chasser le Silence & la Nuit.
Ie croy vous voir, en robe negligée;
En juppe courte; en tresse mal rangée;
Sauter du lit, & crier le matin,
Non pas Thirsis, mais Colas, ou Martin.
A l'instant mesme, augmentant vostre ioye,
L'Oison s'esueille, & fait resueiller l'Oye :
Et maint Cochon, dont l'huis n'est pas ouuert,
Grongne en colere, & trouble ce Concert.
En mugissant, vos Vaches leur respondent;
Comme en beslant, vos Brebis s'y confondent;
Vous égallez Admete en ce Troupeau,
Mais le Berger n'est pas du tout si beau.
Cheual hanit; Asne se met à braire;
En retournant à leur tasche ordinaire :
Poulles, Poullets, lors ne se taisent pas;
Pigeons, Dindons, ni mesme Chiens & Chats.
O quels plaisirs, pour cette humeur brillante!
O quels plaisirs, pour cette humeur galante!
Qui dans la Cour a cent Approbateurs;
Cent languissants; & cent Adorateurs.

Vous

Vous bastissez une Maison fort belle;
Comme Didon, vous prenez la Trüelle;
Mais quand Phœbus seroit encor Maſſon,
(Luy qui pourtant est fort ioly Garçon)
Tous les secrets de son Architecture,
Ne rendroient pas vostre peine moins dure.
Palais sans gens, ne vaut pas un denier:
L'Alcoue alors, est comme le Grenier:
Et n'en déplaise à Meſſer Arioste,
Pour en sortir, il faut prendre la poste.
I'y voy Doris, se leuer, & s'aſſeoir;
Et s'ennuyer du matin iusqu'au soir.
Bailler souuent; & dans ce lieu funeste,
Bien plus souuent, auoir Martel in teste:
Songer tousiours à la belle Martel;
Car dans ces Champs l'on ne voit rien de tel.
Vous n'y monstrez, qu'à des Geais, qu'à des Merles,
Vos belles dents, plus blanches que des Perles:
Et quand Brutaux font les mauuais plaisants,
Vous en riez, mais c'est du bout des dents.
Certes Doris, dans ces Climats estranges,
Pour pouuoir rire, il faudroit rire aux Anges:
Car ces Plaisants, qui s'y font admirer,
Chere Doris, feroient plustost pleurer.
Lors que ces gens pensent dire merueilles,
Vous y tenez le Loup par les oreilles:

Ii

Car dans ces lieux, où vous ne dittes mot,
Le plus habile est souuent le plus sot.
A quoy vous sert cette Muse cherie,
Qui fait si bien la belle raillerie ?
Muse agreable, autant qu'elle a bon bec,
Dont l'Hipochrene en ces lieux est à sec.
En vain Doris, à Iuges subalternes,
Vous debitez ces nobles baliuernes ;
Car elles sont dans vn lieu si charmant,
Du Bas Breton, ou du Haut Alemand.
Ces Iuges là, fussent ils des Bartolles,
N'entendent rien à vos belles paroles :
Leur sens grossier, en vain y fait effort ;
Et ce Procés n'est pas de leur ressort.
S'ils condamnoient vne chose si belle ;
Criez Doris, criez leur i'en apelle ;
Et recriez, mais tout le long du iour ;
Mais sans cesser, i'en apelle à la Cour.
Non à la Cour qui fait tant la mauuaise ;
Ce n'est pas là, mais qu'il ne luy déplaise :
Le Parlement dont parle l'Vniuers,
Iugeant de tout, ne iuge pas des Vers.
C'est au Palais de la Grande Artenice,
Chere Doris, qu'on vous rendra iustice :
Si vous auez vostre Comitimus,
Iuges ruraux, feront lors bien camus.

DV Sr DE SCVDERY.

I'ay pourtant sçeu que parmi vos fougeres,
Vit vn Pasteur, & deux ou trois Bergeres,
De qui l'esprit, l'humeur, & la raison,
Ne sentent point le païs de l'Oison.
D'ailleurs Doris, les mains de la Nature,
Offrent aux Champs vne riche Peinture,
De qui l'esclat, & le beau Coloris,
Vaut mieux cent fois que tout l'Or de Paris.
L'Esmail des fleurs, que vous donne Zephire;
L'ombre des Bois, où Faune se retire;
Cet air si pur; ce murmure des Eaux;
Ce doux concert, que forment les Oiseaux;
Ce grand silence, & cette quietude,
Qu'on voit regner dans vostre Solitude;
Vous le diray-ie? excitent mes desirs,
Et vos chagrins seroient pour moy plaisirs.
D'vn riche amas de mille belles choses,
De Lis, d'Oillets, de Iasmins, & de Roses,
Receuoir l'air, ce Parfum innocent,
Plus doux que l'Ambre à celuy qui le sent.
Estre charmé par le diuin meslange,
De tant de fleurs, auec la fleur d'Orange;
Doux Composé, plus rare mille fois,
Que les Parfums des Cabinets des Rois.
Voir des Ruisseaux flatter ses resueries;
Voir des Aigneaux bondir sur les Prairies;

Voir le Soleil le matin & le soir;
C'est voir Doris, ce qu'on ne peut trop voir.
Voir dans ces Prez, sur les herbes naissantes,
Dancer, chanter, cent Beautez innocentes,
Et mesurer à l'ombre des Ormeaux,
Leurs pas reglez, au son des Chalumeaux.
Entendre Echo dans les Montagnes proches,
Redire apres, ces Chansons dans ses roches;
Les repeter iusqu'aux moindres accens;
C'est estre heureux, ou n'auoir point de sens.
N'oüir iamais, ni Tambours, ni Trompettes;
Ne voir iamais, ni combats, ni deffaites;
Ne voir iamais respandre d'autres pleurs,
Que ceux du Ciel, qui font naistre les fleurs.
N'entendre point la lasche médisance,
Blesser l'honneur; déchirer l'innocence;
Mesler du fiel à ses plus doux propos;
O quel plaisir! ô Doris, quel repos!
N'auoir de soin, que celuy du mesnage;
N'outrager point, n'endurer point d'outrage;
Et sans procés, & sans ambition,
Estre content de sa condition.
Gouster en paix cette douceur extréme;
Fuir les Rois, & regner sur soy mesme;
Tousiours égal; tousiours sans changement;
O quel bon-heur! ô quel contentement!

N'y craindre point la malheureuse cheute,
Des Fauoris qui font la culebute;
Car si du Sort la faueur leur deffaut,
Ces Phaetons ont les jambes en haut.
Icy plus bas, sur la paisible Terre,
Sans precipice, ainsi que sans Tonnerre,
Marchant plus seur, d'vn moins superbe pas,
L'on voit tomber, & l'on ne tombe pas.
Considerant cette innocente vie,
Ie la regarde auec vn œil d'enuie :
Lassé du monde; ennuyé de la Cour;
Ie nomme heureux ce tranquile seiour:
Et ma raison, tant plus ie la consulte,
En comparant le repos au tumulte;
Les fers pesans, auec la liberté;
Nostre artifice, & sa naifueté;
Me fait mieux voir, en changeant de langage,
Vous dans le calme, & moy parmi l'orage;
Vous en repos, sans craindre son effort;
Moy sur la Mer, & Doris dans le Port.
Vous bastissez Chasteaux à la Campagne,
Moy, ie bastis des Chasteaux en Espagne:
Tristes Chasteaux, où dans l'humeur que i'ay,
Mon triste cœur se trouue mal logé.
Quand du Sommeil les sombres Pauots naissent,
Maigres Soldats aussi tost m'apparoissent:

Fantofmes fecs, Images de la faim,
Ne me parlant que d'argent, & de pain.
Laiffant tomber leurs Armes peu luifantes,
Qu'vn bras trop foible, efprouue trop pefantes:
Sans craindre plus d'auoir maint horion,
Trouuant la faim pire que Morrion.
Mon foible efprit ne fonge que Finances;
Qu'Aquits Patents; que Breuets; qu'Ordonnances;
Comme vn Midas, dans l'Or ie fuis plongé,
Mais ie m'éueille, & vois que i'ay fongé.
Chere Doris, que le bien importune,
Rendez pluftoft des vœux à la Fortune:
Voyez voftre heur, pour vous en refioüir:
Connoiffez le, pour en fçauoir ioüir.
Sans refpecter ma pauure Caliope,
Le Sort la berne, en cent lieux de l'Europe:
Tantoft icy; puis apres tantoft là;
Sans que le Ciel y mette le hola.
Trente ans entiers, de Prouince en Prouince,
Elle a changé de Climat & de Prince:
Et n'a trouué prefqu'en tout l'Vniuers,
Qu'ingratitude, & qu'oubli pour fes Vers.
Trente ans entiers cette Mufe emplumée,
De Camp en Camp, & d'Armée en Armée,
Volla cent fois, pour vn illuftre bruit,
Et tout cela n'a iamais rien produit.

Mon propre sang a marqué mon courage :
L'on m'a veû ferme, au milieu de l'orage :
Mais bien qu'alors l'on m'ait veû genereux,
Là comme ailleurs l'on m'a veû malheureux.
Plumes de Coq, au nombre de deux mille,
M'ont veû leur Chef, & m'ont creû leur Achille :
Drilles armez, chez moy tous les matins,
Faisoient sonner Fiffres & Tabourins.
Mais ô malheur ! par la fin de la guerre,
Le Regiment fut cassé comme vn verre :
Tout me quitta iusques à mes Valets ;
Sans oublier Piques & Corcelets.
La qualité de premier Capitaine,
Ne me valut que la fieure quartaine :
Qui par ma ratte, à la froide vapeur,
Me fit trembler, sans pourtant auoir peur.
Enfin Doris, dans le Siecle où nous sommes,
I'ay peu trouué de veritables hommes :
Beaucoup de Grands, fort peu de Protecteurs ;
Bien moins d'Amis, & beaucoup de menteurs.
Le seul ARMAND fut vraiment mon Mecene :
Mais le Destin pour me monstrer sa haine,
Prit ce Heros ; le mit entre les Dieux ;
Et ne laissa nul ARMAND en ces lieux.
Lors que l'Enuie osa choquer sa gloire,
Ie deffendis son illustre memoire :

Mais en public; mais auec grand esclat;
Mais en vn temps qui fut fort delicat.
Toute vertu parut lors assoupie:
Muses alors en eurent la pepie:
Et leur Pallas, malgré son Cabasset,
Ne dit plus mot, & garda le tacet.
Point de Sonnets en ce temps là, point d'Ode:
Chanter ARMAND *n'estoit plus à la mode:*
Chacun alors, disoit Palais Royal;
Et ie fus seul, à dire Cardinal:
Et ie fus seul, à deffendre vne vie,
Que déchiroient l'Iniustice & l'Enuie:
Tousiours égal aux changemens du Sort;
Loüant viuant, & plus encore mort.
Cela suffit, sans que la Cour y pense:
De ma vertu, ie fais ma recompense:
Et moins Doris, l'on aura fait pour moy,
Et plus Doris esclatera ma foy.
L'amour que i'eus n'estoit pas ordinaire:
Le cœur que i'ay, n'est pas d'vn mercenaire:
De tant de Grands qui sont en l'Vniuers,
Peu, mais tres peu, se verront dans mes Vers.
Heureux Doris, dans vn seiour Champaistre,
Heureux celuy qui n'a Suiet, ni Maistre:
Heureux Doris, celuy qui comme vous,
Peut en repos aller planter des Choux,

Et se

Et se moquer de la Troupe importune,
De tant de Fous qu'enchaine la Fortune :
Mais vostre esprit n'y trouuant point d'appas,
N'est point heureux, puis qu'il ne le croit pas.
Reuenez donc faire comme les autres :
Mais mes pensers, qui ne sont pas les vostres,
(Bien qu'attaché comme vn Singe à son Bloc)
Tiennent le Sceptre aussi pesant qu'vn Soc.

STANCES.

NEPTVNE A LA NIMPHE de Seine, pour M^e la Marquise de Ramboüillet.

Nimphe, pûchez vostre Vrne, & formez vn ruisseau,
Dont le cours eternel, soit vne belle Offrande :
Versez abondamment le Cristal de vostre eau,
ARTENICE l'ordonne, & ie vous le commande.

Allez mesler vostre onde, à ces aimables pleurs,
Que dans ces beaux Iardins respand la belle Aurore :
Et par vostre fraicheur faites naistre des fleurs,
Qui surpassent les fleurs de Zephire & de Flore.

Faites que cét esmail diuertisse les yeux,
De cette Grande Nimphe, ornement de la Terre :
Et sauuez des rayons du grand Astre des Cieux,
Ce meslange esclatant, qui pare son Parterre.

Arrosez ses Oeillets ; arrosez son Iasmin ;
Sa belle fleur d'Orange, auec ses Anemones :
Ses Tulipes ; ses Lis ; & rendez son chemin
Plus riche mille fois, que les Dais, & les Throsnes.

Faites y voir Aiax, malgré la loy du Sort ;
Et le faites reuiure, apres ses funerailles :
Mais auec la couleur qu'il auoit à sa mort,
Et tel qu'il paroissoit au milieu des Batailles.

Faites donc que Narcisse y paroisse aussi beau,
Qu'il se le creut soy mesme, à son propre dommage :
Et suiuant son humeur, qu'il se mire dans l'eau,
Et que tousiours cette eau luy monstre son Image.

Faites que d'Adonis la delicate fleur,
Croisse dans ces Iardins, sous l'aisle de Zephire :
Mais encor si charmante en sa belle couleur,
Que Mars en soit ialoux, que Venus en soupire.

Faites encor paroistre en pompeux appareil,
Clitie aux cheueux d'or, Amante infortunée :
Qu'elle y fuiue l'esclat, & le cours du Soleil,
Et sauuez par vos soings cette belle obstinée.

Faites que d'Hiacinte y brillent les appas,
Mais auec tant de grace, en cette fleur humide ;
Qu'Apollon affligé, precipite ses pas,
Pour ne voir plus celuy dont il fut l'homicide.

Veillez soigneusement, sur ces riches Thresors ;
Conseruez la beauté de ces fragiles choses :
Et voulant m'obeïr, mettez tous vos efforts,
A garder en tout temps, ses Mirthes, & ses Roses.

Ces Mirthes que l'Amour cultiue de sa main ;
Ces Roses où le sang de Venus est encore :
Mais vn Amour Celeste ; vn Amour tout humain ;
Et qui ne voit de pleurs, que les pleurs de l'Aurore.

Faites que de ces fleurs (rares en leur splendeur)
Vne vapeur diuine aille iusqu'à sa chambre :
Qui luy charme les sens, d'vne agreable odeur,
Plus douce mille fois, que celle de vostre Ambre.

Faites que ses Lauriers à rameaux tousiours vers,
Ne soient point prophanez des vulgaires personnes :
Et qu'il ne soit permis qu'aux Autheurs des beaux Vers,
Et qu'aux fameux Guerriers, d'en prẽdre des Courõnes.

Faites que le Palmier, aux rameaux glorieux,
Croisse dans ses Iardins, & qu'il la diuertisse :
Mais ne souffrez iamais dans ces aimables lieux,
Le funeste Arbrisseau du ieune Ciparisse.

Faites pour m'obliger, que les Nimphes des Bois,
Driades, qu'en Hiuer toute grace abandonne ;
Conseruent par vos soings, aux plus rigoureux Mois,
Ces riches habits vers que le Printemps leur donne.

Faites croistre d'Atis l'Arbre rempli d'odeur,
Qui consolle Cibele au milieu de ses pertes :
Et bordez ces Iardins, en toute leur grandeur,
D'vn rang superbe & long, de Piramides vertes.

Cultiuez en ces lieux, cét Arbre de la Paix,
Que fit naistre Pallas, Deesse de la Guerre :
Et qu'eternellement il soit dans ce Palais,
Quand il seroit banni du reste de la Terre.

Des Sœurs de Phaeton, qu'on ne pût consoler,
Apres le triste sort d'vn Frere miserable ;
Humectez les beaux Troncs, & faites y couler,
Le bel Or transparent, de leur Ambre admirable.

L'Amante d'Apollon, qui distille l'Encens ;
Et celle dont la Mirrhe a pris son origine ;
Offriront en ces lieux, leurs Parfums innocens,
Comme vn doux Sacrifice, à la Nimphe diuine.

Faites y mesme croistre à l'entour de vos Eaux,
De Pan Dieu des Bergers, la malheureuse Amante:
Et monstrez en tout temps ces merueilleux Roseaux,
Dont il a sçeu former sa Musique charmante.

Faites, faites enfin, Nimphe que ie cheris,
Pour peindre vne Vertu, que l'on voit inflexible;
Qu'à l'enui du Liban, dans les Murs de Paris,
Viue eternellement le Cedre incorruptible.

Roullez parmi vos flots, ce qui croit dans les miens,
Et prenez pour Bassin, ma Coquille qui flotte:
Ces Nacres; ces Coraux; ces Cristaux que ie tiens,
Et les luy presentez pour en orner sa Grotte.

Quand on aura formé ces Rochers precieux,
Et mis confusément cette riche matiere;
Par mille & mille endroits, eslancez vous aux Cieux,
Et retombez apres, mais en grosse riuiere.

Meslez pour l'endormir, au doux chant des Oiseaux,
Qui forment pour luy plaire vne rare Musique;
Le bruit de vos Cailloux, au murmure des eaux;
Ce bruit qui peut charmer tout cœur melancolique.

Presentez à ses yeux vn Miroir esclattant,
Qui monstre son Portrait, dans sa Glace fidelle:
Et pour la retenir, monstrez au mesme instant,
Vn beau Lict de Gazon, que vous ferez pour elle.

Que si vous obtenez qu'elle en daigne approcher,
Dittes luy promptement, auant qu'elle s'en aille;
Que Thetis dont le Throsne est au creux d'vn rocher,
A mille raretez, & n'a rien qui la vaille.

Qu'elle efface l'esclat du Coral le plus beau;
Que les Perles n'ont plus qu'vne beauté vulgaire:
Et que tous les Thresors de l'Empire de l'Eau,
Ne sçauroient acheter la gloire de luy plaire.

Qu'il n'est point de Nayade égalle à ses appas;
Qu'elle ternit le teint des belles Nereïdes:
Et qu'aupres de ses yeux, l'on n'estimeroit pas
Cét Azur argenté, de leurs tresses humides.

Que depuis l'heureux iour qu'elle fut sur les flots,
Au riuage du Tibre, où voguoit sa Galere ;
Pour chanter sa loüange à tous les Matelots,
Les Sereines n'ont plus, ni fraude, ni colere.

Que depuis l'Ocean, qui vous donna le iour;
Iusqu'aux lieux fortunez, où vous l'aurez treuuée;
L'on ne voit point d'Obiet, ni si digne d'amour;
Ni de vertu sublime, à tel point esleuée.

Mais Nimphe il faut partir; desia vous soupirez,
Et vous brullez de voir celle qui vous demande:
Ie ne vous retiens plus; allez; partez; courez;
Artenice l'ordonne, & ie vous le commande.

STANCES

pour vne Grande Dame.

Tibre, le plus fameux des Fleuues,
Qui caché parmi des roseaux,
As veû sur le bord de tes eaux,
Et la mort des Vainqueurs, & les larmes des Veufues.

Vis tu iamais de Beauté triste,
Conseruer tant de Maiesté;
Tant de grace, & tant de fierté,
Que l'on en voit briller, dans les yeux de Caliste?

Dieux, que sa douleur a de charmes,
En se pleignant du sort fatal!
Tibre, ton Vrne de Cristal,
Est vn Vase trop laid, pour de si belles larmes.

Elle pleure, mais en Romaine,
Dont le cœur n'est point abatu:
Elle regarde la Vertu,
Au lieu de regarder les obiets de sa haine.

Elle soupire, mais de sorte,
Que l'on iuge à tous ses propos,
Qu'elle pleint la mort d'vn Heros,
De qui la renommée est bien loing d'estre morte.

Son ame d'amour échauffée,
Se consume comme vn flambeau;
Mais l'obiet d'vn si Grand Tombeau,
L'afflige, & la consolle, y voyant vn Trophée.

Sa douleur bien digne de Rome,
Garde la Maiesté du lieu:
C'est ainsi qu'on plendroit vn Dieu,
S'il auoit le malheur, & les destins d'vn homme.

O superbe Reine du Monde,
Toy qui vis des Rois à genoux,
Adore, adore comme nous,
Cette Belle affligée, en vertu sans seconde.

Consacre à cette autre Arthemise,
Comme au Demi Dieu qu'elle pleint,
Vn Temple venerable & Saint,
Dont à l'Amour tout pur, la garde soit commise.

Là, par vne ardeur sans égalle,
Caliste au pied de ces Autels,
Aura soin des feux eternels,
Rome n'en doute pas, elle est desia Vestale.

STAN-

STANCES,
à vn Grand Seigneur prisonnier.

Grand, & genereux, mais malheureux Tersandre!
  Puis qu'il te plaist ie vay descendre,
Dans cét affreux Cachot, qui renferme ton corps :
  Mais bien que ma douleur soit viue,
  En vain de ma Lire plaintiue,
Ma main fera gemir les plus tristes accords.

De quelque vanité, que ma Muse se flatte,
  C'est en vain que sa voix esclatte,
Parmi le triste bruit des chaines, & des fers :
  Sa vigueur en est estouffée ;
  Et la seule Lire d'Orphée,
Pût suspendre les maux, que l'on souffre aux Enfers.

Mais au milieu des flots, de ce cruel orage,
  Ie ferois tort à ton courage,
Si i'allois pour t'offrir vn si foible secours :
  Malgré ton desplaisir extréme,
  I'iray pour m'instruire moy mesme,
Par vn si grand exemple, & par tes beaux discours.

Vn affligé conſtant, eſt vn Obiet ſi rare,
  Qu'il pourroit toucher vn Barbare,
Et de pitié ſenſible, & d'admiration :
  O vous qui retenez Eſclaue,
  Vn Heros ſi ſage & ſi braue,
Laiſſez vous eſmouuoir à la compaſſion.

Que ne m'eſt il permis dans ta triſte auanture,
  De forcer ta Demeure obſcure,
Et de te retirer de ce triſte Seiour !
  La choſe ſeroit mal aisée,
  Si comme Herculle pour Thesée,
Ie ne forçois l'Enfer, à te rendre le iour.

Mais les ſeueres loix des fieres Deſtinées,
  Ont ainſi reglé tes années ;
Elles à qui les Dieux ne ſçauroient reſiſter :
  Il n'eſt rien que le Sort ne dompte ;
  Nous luy pouuons ceder ſans honte,
Puis qu'enfin tout luy cede, & meſme Iupiter.

Inuoquons la Fortune, en abaiſſant les voiles ;
  Laiſſons nous conduire aux Eſtoiles,
Qui font ſouuent vn Port, d'vn dangereux Eſcueil :
  Suiuant la fatale Ordonnance,
  Voyons auec indifference,
Les Sceptres & les Fers, le Throſne & le Cercueil.

STANCES
en faueur d'vne Dame.

Thirsis, i'auois quitté Peintures & Pinceaux,
  Par le Despit que i'ay dans l'ame;
Et i'auois condamné mes plus rares Tableaux,
  A perir mesme dans la flame:
  Mais ie me crois digne de blasme,
Puis que tu m'as iuré, Thirsis, que nous voyons,
Encore vne vertu digne de mes Crayons.

La fourbe, l'artifice, & l'infidelité,
  Des perfides que tu me nommes,
Auoient si pleinement mon esprit rebuté,
  Du malheureux Siecle où nous sommes,
  Et de l'Art qui vante les hommes,
Que i'estois resolu d'abatre les Autels,
Qu'vn sacrilege abus, esleue à des Mortels.

Mais puis que la vertu brille encor auiourd'huy,
  Au milieu des ombres du vice;
Suspendons cette horreur, que nous auons de luy,
  Et faisant grace à sa malice,
  Prenons vn plus noble exercice,
Et d'vn plus bel obiet, remplissant nostre esprit,
Triomphons dans cét Art qu'Apollon nous aprit.

Dans cette Solitude, où mon malheur passé,
  A confiné ma triste vie,
I'adore le Portrait que Thirsis m'a tracé,
  De la belle & Grande Siluie :
  Et ie sens renaistre l'enuie,
Dans le iuste mépris que ie fais de la Cour,
De voir cette Merueille, & de la peindre vn iour.

Peutestre que ma main trouuera des Couleurs,
  Qui ne luy feront point d'outrage :
Et que sans employer, les Perles, ni les Fleurs,
  Trop communes pour cét Ouurage,
  Elle fera voir à nostre Age,
Sans qu'vn Pinceau flateur, y prenne aucune part,
Dans vn Tableau fini, les derniers traits de l'Art.

Ie sens dans ce dessein, tout mon esprit rempli,
De cette merueilleuse idée :
Il suit desia par tout cét Obiet accompli,
Par qui mon ame est obsedée :
Et ma main est si bien guidée,
Qu'à moins que d'auoir veû, la Beauté que ie voy,
Apelle assurément feroit moins bien que moy.

STANCES
pour vn Grand Seigneur liberal.

VN Phœnix renaist de la Cendre,
D'vn autre Phœnix glorieux ;
Et pour moy ie crois qu'Alexandre,
Reuoit la lumiere des Cieux.

Ce Heros dont l'ame si haute,
Fit du bien à tous les Humains ;
Contre les aduis d'Aristote,
Donnoit l'Encens à pleines mains.

Cét autre Heros qui l'égalle,
Suit sa trace, & fait plus encor:
Puis que d'vne main liberalle,
Il donne non l'Encens, mais l'Or.

Sa main aux presents est extresme;
Donner est son propre Element;
L'on diroit que le Soleil mesme,
Fait de l'or pour luy seulement.

Cœur de Monarque; Ame Heroïque;
Heros qui n'as point de pareil:
La Terre te voit estre vnique,
Comme le Ciel n'a qu'vn Soleil.

Aussi pour toy tout est possible;
Rien ne resiste à ton pouuoir;
Car comme ce Prince inuincible,
Tu donnes tout, pour tout auoir.

STANCES

Pour feu Mgr le Cardinal Duc, faites au voyage de Piémont.

Ous le plus Grand Esprit du Monde,
Vaillans Guerriers, allons tenter
D'aprendre si la Terre est ronde,
Mais afin de le voir, il la faut conquester.

Nous auons assez de courage,
Suiuant vn Heros sans pareil,
Pour acheuer ce long voyage,
Qu'entreprit Alexandre, & que fait le Soleil.

Mais dans quelque Climat barbare,
Où nos Armes puissent aller,
Le bruit d'vne vertu si rare,
Nous y deuancera, quand nous sçaurions voller.

Tenez l'entreprise certaine;
Puis qu'il a pour vaincre un Estat,
La teste d'vn bon Capitaine,
La Fortune d'Auguste, & la main d'vn Soldat.

Son Nom fait paslir les plus Braues;
Et quand il les surmonte vn iour,
Eux que la guerre fait Esclaues,
Charmez par sa douceur, sont prisonniers d'amour.

Son courage imite le foudre;
Mais excellemment en ce point,
Qu'il met les hauts Chesnes en poudre,
Et pardonne aux Lauriers, qui ne s'éleuent point.

L'on peut comparer sa vaillance,
A la vaillance du Lion;
Qui cede par l'obeïssance,
Et qui ne cede point à la rebellion.

Sa colere est comme la flame,
Prompte & courte dans ses efforts:
Sa bonté s'assuiettit l'ame,
A l'instant que son bras, s'assuiettit le corps.

Dans la guerison esloignée,
Medecin experimenté,
Il se resoud à la saignée,
Afin que le malade ait apres la santé.

Comme

Comme vn Achille secourable,
Qui ne veut pas faire mourir,
Il fait connoistre au miserable,
Que par cette blessure, il l'a voulu guerir.

Quand la iustice de ses Armes,
A l'Ennemi perce le flanc;
Ses yeux font vn fleuue de larmes,
A cause que sa main en a fait vn de sang.

Mais s'il pleint ainsi dans la guerre,
C'est que son Prince a des proiets,
Qui regardent toute la Terre,
Et que perdre quelqu'vn, c'est perdre ses Suiets.

Bien tost par son illustre peine,
En faueur de son Souuerain,
L'Aigle viendra reuoir la Seine,
Pour ne reuoir iamais les riuages du Rhein.

O combien il aura de gloire!
Que de Peuples il va dompter!
France, les Filles de Memoire,
N'en auront pas assez, pour les pouuoir compter.

Ie voy desia l'Afrique entiere,
Paslir d'effroy; trembler d'horreur;
Et rencontrer vn Cimetiere,
Dans le Champ de Bataille, où naistra sa terreur.

POESIES DIVERSES

Ie voy sous ses pieds la Fortune;
Et malgré l'orgueil du Turban,
Auec elle fouler la Lune,
Dompter la Palestine, & forcer le Liban.

Ie voy tout vaincre à sa prudence;
Et Loüis sauué des hasars,
Reioindre au Sceptre de la France,
Le Throsne de Dauid, & celuy des Cesars.

Veüille le Ciel que ce presage,
Soit bien tost suiui des effets;
Et qu'vn Demi Dieu de nostre Age,
Acheue cette Guerre, & nous donne la Paix.

STANCES

Pour feu mondit Seigneur, à son retour de Perpignan, l'Autheur estant malade.

Enfin c'est trop de violence,
Pour des maux de cette longueur:
Et ie veux rompre mon silence,
Ou succomber sous leur rigueur.

Au milieu d'vn tourment si rude,
Il faut que ie parle auiourd'huy;
Car le soubçon d'ingratitude,
Le seroit encor plus que luy.

Apres tant de faueurs insignes,
Parlons, il nous est important:
Deussay-ie auoir le sort des Cignes,
Et mourir comme eux en chantant.

Grand Duc, les maux qui me trauaillent,
Menacent mes iours du trespas :
Mais si les forces me défaillent,
Le cœur ne me défaudra pas.

Il a de la reconnoissance ;
Et s'il chante mal ta bonté ;
Son deffaut est en la puissance,
Et non pas en la volonté.

Il sçait que dans cette Auanture,
De toy seul il tient son bonheur :
Il sçait qu'il est ta Creature,
Et que tu le combles d'honneur.

Ouy, par toy cét honneur insigne,
Dans ses maux le vient consoler :
Et ta faueur esleue vn Cigne,
Où les Aigles n'osent voller.

De Nostre Dame de la Garde,
Où ie m'en vay seruir sous toy ;
L'on commande ce qu'on regarde ;
Et tout est au dessous de moy.

Marseille à mes pieds est soumise ;
Deux Elemens sont veus plus bas ;
Et Tiphon en son entreprise,
N'y feroit que de vains combats.

Mais malgré cette illustre grace,
Qui rend mon sort illustre & beau;
Sans toy cette importante Place,
Seroit celle de mon Tombeau.

Ouy, sur cette Roche escartée,
Si ta main ne m'y secouroit,
Ie serois comme Promethée,
Qu'on dit qu'vn Vautour deuoroit.

La Faim, ce Vautour effroyable,
Et que l'on doit tant redouter;
Auec vn bec impitoyable,
Y viendroit me persecuter.

Sur ce Mont si prés de la Nuë,
Nulle herbe n'aparoist aux yeux:
L'eau mesme y seroit inconnuë,
S'il n'en tomboit iamais des Cieux.

C'est sur cette Roche infertile,
(Quoy qu'assez feconde en honneur)
Que toute bouche est inutile,
Iusqu'à celle du Gouuerneur.

Là, pour augmenter ma souffrance,
Ie verrois dans les lieux voisins,
Regner la Paix & l'Abondance;
Et les bleds meslez aux raisins.

Là, quoy que la Nature eſtale,
Et de riche, & de precieux ;
Ie le verrois comme vn Tantale,
Et n'y toucherois que des yeux.

Grand Duc, oſte moy cét obſtacle ;
Prens ſoing d'vn Soldat qui te ſert ;
Et fais par vn nouueau miracle,
Pleuuoir la Manne en ce Deſert.

Fais que le Roy m'y continuë,
Ce que mes Deuanciers ont eu ;
S'en eſt fait ; ma peur diminuë ;
Tu vas proteger la Vertu.

Mais Grand Duc ne fais aucun doute,
Qu'elle n'y ſerue vtilement :
Et ſçache qu'elle ne redoute,
Que le Ciel & toy ſeulement.

C'eſt là que la Muſe Guerriere,
Deffendra l'Empire François :
Et qu'Apollon à ſa priere,
Prendra ſon Arc & ſon Carquois.

C'eſt là qu'elle a deſſein d'eſlire,
En ſuiuant ſes premiers deſirs,
Les plus doux accords de ſa Lire,
Pour ta gloire & pour tes plaiſirs.

Du haut de ma Roche deserte,
Lors que i'y parleray de toy;
Ma voix ira iusqu'à Biserte,
Porter, & l'amour, & l'effroy.

L'amour de ta vertu supréme;
La crainte de tes grands Exploits;
Et ie veux que l'Afrique t'aime,
Et qu'elle tremble sous tes loix.

Mais Grand Duc, quel dessein m'inspire,
La Muse qui dicte ces Vers?
Et que luy pourroit elle dire,
Que ne sçache tout l'Vniuers?

STANCES
à vne Dame cruelle.

Ier & charmant Obiet, de mes tristes pensées,
Toy qui fais mon destin, heureux, ou malheureux;
Si tu fus sans douceur, pour mes peines passées,
Donne moy l'auenir encor plus rigoureux.

Regarde auec mépris ma peine incomparable ;
Moque toy de mes pleurs, comme de mon tourment,
Sois touſiours ſans pitié ; touſiours inexorable ;
Et refuſe à ces pleurs, vn ſoupir ſeulement.

Deſtourne tes beaux yeux de ma longue miſere ;
Ou ſi ces beaux Tirans daignent ſonger à moy ;
Fais les moy touſiours voir, en Tirans en colere,
Qu'accompagnent par tout, la terreur & l'effroy.

Sois aueugle à mon mal ; comme ſourde à ma plainte ;
Iette l'obſcurité ſur mon iour le plus clair :
Et fais que l'infortune accompagne ma crainte,
Comme au Ciel irrité, la Foudre ſuit l'Eſclair.

Irrite ta fureur ; tonne ; eſclaire ; foudroye ;
Mets en poudre ce cœur, dont i'ay fait ton Autel :
Ne te refuſe point cette funeſte ioye ;
Et ne reſpecte pas vn Laurier immortel.

Precipite mon ſort ; auance mon naufrage ;
Vn Eſcueil pour mon ame, eſt vn Port aſſuré :
Tu me feras faueur, en me faiſant outrage ;
Car ie cherche la mort, & ie la trouueray.

STAN-

STANCES

pour vne Dame qui se pleignoit que l'Autheur ne la voyoit pas assez souuent.

Dans l'excés du mal qui me presse,
En ne vous voyant pas, ie manque à mon deuoir:
Mais remarquez, pourtant, qu'on vous traite en Deesse,
    En vous adorant sans vous voir.

Philis, les Dieux sont inuisibles;
Et les Dieux de mon cœur ne sont que vos beaux yeux:
I'adore les attraits, de ces beaux insensibles;
    C'est pourquoy ie les traite en Dieux.

Ils auroient fait filer Alcide,
Ces superbes Tirans, dont ie crains le pouuoir:
Et comme c'est vn mal de voir son homicide,
    I'aime mieux mourir sans les voir.

Ie sçay la force de leur flame;
Et l'Obiet que ie crains, eust fait trembler Cezar:
Ie veux que ces vainqueurs Triomphent de mon ame;
Mais ie ne suiuray point leur Char.

Qu'vn Peuple entier les idolatre;
Que des Rois enchainez suiuent vostre Beauté:
Pour moy i'imiteray Caton & Cleopatre,
En mourant pour ma liberté.

S'il faut tesmoigner mon seruage,
Au Triomphe éclatant d'vn superbe Vainqueur:
Ie vous permets Philis, d'y porter mon Image;
Mais placez la dans vostre cœur.

STANCES,
Sur vne Tragi-Comedie.

Es riues de Ternate, & des bords de Tidore,
Nous voyons esleuer vne nouuelle Aurore,
Dont l'éclat merueilleux feroit honte au Soleil:
Et des flots recullez, de ce Climat barbare,
Monte sur l'Horizon, vn bel Astre si rare,
Qu'on le voit sans pareil.

Ha ie la reconnois, cette belle Indienne!
Il est peu de Beautez égalles à la sienne;
Et l'œil s'il n'est grossier, la discerne aisément:
O que d'adorateurs! O que de ialousie!
Des Beautez de l'Europe, aux Beautez de l'Asie,
    Dont elle est l'ornement.

Toute brillante d'or, & couuerte de plumes,
Ce n'est pas sans orgueil, Muse, que tu presumes,
Par tes foibles Pinceaux, d'en imiter les traits:
De cét habit galant, dont on la voit parée,
Le lustre variant; la couleur bigarrée;
    Ternira tes Portraits.

Le feu des Diamans brille parmi sa Tresse;
Le vert de l'Emeraude, orne cette Princesse;
Et se mesle aux Saphirs, de la couleur des Cieux:
Ses Perles; ses Rubis, ont l'éclat admirable;
Mais il faut que tout cede, & rien n'est comparable,
    A l'éclat de ses yeux.

O toy ieune Nocher, qui méprisant la peine,
De ces lieux recullez, fais venir cette Reine,
Auec tant de trauail; tant d'adresse; & de soing:
Souuiens toy que ton Art, a surmonté l'orage;
Et que laissant guider ta Nef à ton courage,
    Ta gloire ira plus loing.

STANCES
A vn Amy.

Aphnis, ie ne la veux point voir,
Cette belle Magicienne :
Ma raison connoist son pouuoir,
Par le desordre de la tienne.

Ne te procure point vn mal,
En me donnant vn auantage :
Ton Ami sera ton Riual ;
Crois le donc pendant qu'il est sage.

E vain il feroit mille efforts,
Pour se garantir de la flame :
Il aime les beautez du corps,
Autant que les beautez de l'ame.

Si l'on m'oblige à regarder,
Cette Philosophe agreable,
Ie luy voudray persuader,
Que tout bien est communicable.

Les paroles & les effets,
Marcheront d'vne force égale:
Et le Chapitre des Bienfaits,
Plaira peuteſtre à ſa Morale.

Ie ne ſuis ni Roy, ni Vainqueur,
Des lieux que le Pactolle arroſe;
Mais quiconque donne ſon cœur,
Ne refuſe guere de choſe.

Si ce cœur vient à s'échauffer,
Adieu noſtre amitié ſi pure:
Ie la feray Philoſopher,
Sur les Preceptes d'Epicure.

Ie me riray des vrais Amis;
Et i'eſtabliray pour maxime,
Que tout ce qui plaiſt eſt permis;
Malgré la chimere du crime.

I'inſpireray des ſentimens,
A ta belle & charmante Armide,
Qui ſe moqueront des ſermens,
Que reſpecte vne Ame timide.

Ie captiue mes paſsions;
Ma raiſon eſt leur Souueraine:
Mais enfin ce ſont des Lions,
Qui pourroient bien rompre leur chaine.

Ton Ami sçait precisément,
Ce qu'ont dit Athenes & Rome;
Mais apres leur raisonnement,
Vn Philosophe n'est qu'vn homme.

Vn Esprit; vn Lut; vne Voix;
Des-arçonneroient Aristote:
Et cette Dance que tu vois,
Luy feroit porter la Marotte.

I'ay connu cét Astre naissant,
Au point de sa clarté premiere :
Et s'il estoit desia puissant,
Quelle doit estre sa lumiere!

Seneque, Socrate, & Zenon,
Ont peu de chose où ie me fie :
Et contre les yeux de ✶✶✶non,
Ie n'ay point de Philosophie.

Ie fuiray comme ie le doy,
Cét Astre que rien ne seconde :
Bref il ne luira point pour moy,
Bien qu'il luise pour tout le Monde.

Porte donc mes Discours des Rois,
A ta belle & charmante Reine;
Et trouue bon qu'à cette fois,
I'esuite l'amour & la haine.

L'amour d'vne Diuinité;
La haine d'vn Ami fidelle;
Qu'elle iuge de sa beauté,
Par cette crainte que i'ay d'elle.

Elle mettra si ie la voy,
Cette Nimphe que ie redoute;
Et ma Morale en desarroy;
Et ma Politique en déroute.

Ne nous expose point tous deux,
A cette auanture fascheuse:
Si ie la voy, tout est douteux;
Nostre amitié mesme est douteuse.

Pour empescher mon attentat,
Il sera bon que tu differes:
Car au lieu d'affaires d'Estat,
Ie parlerois d'autres affaires.

STANCES

A Mr Tristan, sur son Orphée.

Toy de qui les beaux Vers, & la veine charmante,
Sauuent l'Amant & l'Amante,
De l'Oubli qui les domptoit :
Apres de si belles marques,
Que n'obtiendrois tu des Parques,
Si ton Ami les chantoit ?

Quoy que l'Antiquité, nous ait iamais pû dire,
Et d'Orfée ; & de sa Lire ;
Bertaut auroit mieux chanté ;
L'Enfer eust esté propice ;
Et l'adorable Euridice,
Auroit reueu la clarté.

Aussi vous obtenez vn superbe Trophée,
Plus grand que celuy d'Orphée,
Bien qu'il animast les Bois :
Et sa loüange est ternie,
Par la diuine harmonie,
De tes Vers, & de sa voix.

STAN-

STANCES
Sur l'amour du Roy.

Triomphe Amour à cette fois,
Car ta gloire est incomparable :
Puis qu'on voit le plus Grand des Rois,
Trouuer sa deffaite honnorable.
Ce bel Esclaue Couronné,
Apres le cœur qu'il a donné,
Donneroit encor son Empire :
Luy qui peut commander soupire ;
Et son illustre main, apres cent maux souffers,
Quitte vn Sceptre, & prend des fers.

Triomphe adorable Beauté,
Et fais que la France remarque,
La merueilleuse nouueauté,
Des belles chaines d'vn Monarque.
Les Traits enflamez de tes yeux,
Peuuent blesser mesme les Dieux,
Ainsi que le plus beau des Princes :
Triomphe donc dans ses Prouinces ;
Tout est prest pour ta gloire, & ce ieune Cezar,
Sort du Throsne, & suit ton Char.

STANCES
Pour vne Dame cruelle qui vint à aimer.

Philis, ie me plaignois de voſtre cruauté,
Mais vous me contraignez de changer de langage:
Et par l'iniuſte choix, que fait voſtre Beauté,
Ie me plains ſeulement du nœud qui vous engage.
     Helas à quoy penſez vous?
     Ce prodige eſt incroyable;
     Vous eſtes trop pitoyable,
Soyez moy rigoureuſe, & la ſoyez à tous.

Vos yeux pleins de fierté, m'ont fait paſlir d'effroy;
I'ay creu mon bien douteux, & ma perte infaillible:
Mais changeant pour vn autre, auſsi bien que pour moy,
Vous m'eſtes plus cruelle, eſtant moins inſenſible.
     Helas à quoy penſez vous?
     Ce prodige eſt incroyable;
     Vous eſtes trop pitoyable,
Soyez moy rigoureuſe, & la ſoyez à tous.

STANCES
Pour vne Dame.

Aison qui deffendez mon ame,
Contre des attraits si puissans;
Puis que vous la voyez en flame,
Par la trahison de mes sens;
Ne vous obstinez plus, à me sauuer la vie,
Il faut que tout cede à Siluie.

Qui voit cette ieune Merueille,
Est obligé de l'adorer:
Elle charme l'œil & l'oreille,
Ma raison cessez d'esperer.
Ne vous obstinez plus, à me sauuer la vie,
Il faut que tout cede à Siluie.

L'effet a suiui ce presage;
Desia mon cœur est en prison;
L'esprit, la voix, & le visage,
Sont plus forts que vous, ma Raison.
Ne vous obstinez plus, à me sauuer la vie,
Il faut que tout cede à Siluie.

STANCES
Sur la mort d'vne Dame.

Elle qui fit craindre tes loix,
Vient de perdre le iour, & va perdre ses charmes;
 Brise ton Arc, & ton Carquois,
Mais garde ton Bandeau, pour essuyer tes larmes.
 Pleure Amour, pleure incessamment,
  Auprès du Monument,
  De la ieune & belle Siluie,
  Que la Parque nous a rauie;
La force de tes traits ne te peut secourir;
 Elle est morte, & tu vas mourir.

 Par elle ton Nom Glorieux,
Se faisoit reuerer des plus superbes Ames :
 Sans elle en ces funestes lieux,
Tu seras sans flambeau, sans fleches, & sans flames.
 Pleure Amour, pleure incessamment,
  Auprès du Monument,
  De la ieune & belle Siluie,
  Que la Parque nous a rauie :
La force de tes Traits, ne te peut secourir;
 Elle est morte, & tu vas mourir.

STANCES
Sur vne amour nouuelle.

On cœur il faut perdre la vie,
Rien ne sçauroit t'en empescher;
Soit que tu veüilles t'approcher,
Ou t'esloigner de ta Siluie.
Quand on la voit, on ne sçauroit guerir,
Et la quittant il faut mourir.

Sa rigueur desespere l'ame,
Et sa Beauté charme les yeux :
La quitter, c'est quitter les Cieux ;
La voir, c'est se voir dans la flame :
Mais puis que rien ne peut nous secourir,
Il faut la voir, & puis mourir.

MADRIGAL

Sur du Lait caillé promis à des Dames, par vn Cheualier.

Vy, pour vous obliger, nous le croirons sans doute,
Que le Caillé se perd, distillant goutte à goutte :
Ou plustost qu'vn Maistre Matou,
L'emporte, mais on ne sçait où.
Car vn Cheualier sans reproche,
L'auroit plustost mis dans sa poche,
Que de manquer à ses Amis,
Apres leur auoir tant promis.
Dans cette bizarre auanture,
(Et cecy soit dit sans murmure)
Ie vous le iure par Clio,
Que fust il fait du Laict d'Io,
Cette celebre Vache noire,
Il sortira de ma memoire,
Et ie suis bien trompé, si ma Muse vous met,
Dans le seiour des Dieux, par le chemin de Laict.

LA MVSE
GVERRIERE.

Vse, qui seule du Parnasse,
Portes le Casque & la Cuirasse;
La Rondache, & le Coutelas;
Et qui fais icy la Pallas.
Pends au croc ces Armes luisantes;
Elles sont belles, mais pesantes;
Et toy qui predis l'auenir,
Vois ce que tu peux deuenir.
Vois qu'icy tout paroist funeste;
Ce Lieutenant fait le modeste,
Mais il te dit tacitement,
Qu'il auroit besoin d'aliment.
Vois ce Sergent qui te regarde,
Appuyé sur sa halebarde;
Mais si pasle & défiguré,
Qu'on diroit qu'on l'a déterré.
Vois ce grand Caporal la Coque,
Qui dans la faim qui le prouoque,

POESIES DIVERSES

*Grince les dents comme un Verrat,
Et n'espargne Souris ni Rat.
Vois ce Tambour melancolique;
Ce Tambour à visage etique;
Qui bat tousiours piteusement,
Comme pour un Enterrement.
Vois ces Soldats à mines fieres,
Ietter Mousquets, & Bandollieres;
Ietter Piques, & Corcelets;
Et vouloir manger tes Valets.
Sauue toy d'un peril extréme;
Ils te deuoreront toy mesme;
Songe à la Meute d'Acteon;
Sauue toy dans le Pantheon.
Dans ce Temple superbe & riche,
Muse, tu dois auoir ta Niche:
Et ton Image est en ces lieux,
Parmi les Marmousets des Dieux.
Si tu ne veux point voir le Tibre,
Muse, pendant qu'on te voit libre,
Eslance toy de ce Donjon,
Parmi les flots, comme un Plongeon.
Quitte ta sterile Montagne;
Et laissant à gauche l'Espagne,
Volle à Paris, mon cher soucy,
Où l'on mange bien mieux qu'icy.*

Trauerse

Trauerse six ou sept Prouinces;
Mais dans ce Seiour de nos Princes,
Où paroist peu Dame Vertu,
Muse, à qui t'adresseras tu?
Ie te voy desia desdaignée;
Mecenas mourut sans lignée;
Et seize Siecles tous entiers,
Ont peu veû de ses heritiers.
Ne t'abuse pas à la mine;
Tu verras tel fourré d'Hermine,
Qui sous ce superbe manteau,
Ne connoist le bon ni le beau.
Tu verras tel portant des Perles,
Grosses comme testes de Merles;
Tu verras tel portant fleurons,
Larges comme des Potirons;
Tu verras tel portant des Treffles;
(O meschante rime de Neffles,
En cette estrange extremité,
Secours moy dans ma pauureté!)
Tu verras tel portant Couronne,
Que maint Estaffier enuironne,
Qui ma foy ne merite pas,
D'estre mieux coiffé que Midas.
En vain pour gagner leur estime,
Tu dirois miracles en rime;

Pp

Ces Godelureaux parfumez,
N'aiment plus que les bouts rimez.
Adieu Rondeaux ; adieu Balades ;
Adieu Cartels, & Mascarades ;
Les Epigrammes ; les Sonnets ;
Sont bons à siffler Sansonnets ;
La Stance ; l'Elegie, & l'Ode ;
Tout cela n'est plus à la mode :
L'Heroïque Muse a campos,
Et Virgile en a dans le dos.
La Tragedie, & graue, & belle,
Ne bat presques plus que d'vne aisle :
Et si l'Autheur n'est fort heureux,
La Belle n'a plus d'Amoureux.
Melpomene foible d'eschine,
Ne peut plus aller sans machine :
Et cette Muse de Balet,
A le Cheual de Pacolet.
Pour rauir le Peuple en extase,
Il faut faire voller Pegase :
Car (ô prodige !) dans ces lieux,
L'on n'escoute plus que des yeux.
Fais en vers vne bonne chose,
L'on te paye en mauuaise Prose :
Et ces Dieux en vain tous puissans,
Veulent qu'on leur donne l'Encens.

L'Esperance est loing de leur Porte;
ARMAND est mort, comme elle est morte;
Ces deux beaux Astres sont passez;
Va prier pour les Trespassez.
Arriere donc Triple Couronne;
Baston fameux que le Roy donne;
Riche Quincaille, grands Colliers,
Ornement de maints Cheualiers,
Non Errans, mais Cheualiers fixes,
Qui trouueroient Ioustes prolixes.
Grand Escusson bille-barré,
Perles, Treffles, Manteau fourré,
Fleurons, Armes esquartelées,
Et de cent fadaises meslées.
De Chiens, de Chats, de Bœufs, d'Oiseaux,
De Rochers, d'Arbres, de Lambeaux,
De Besans, d'Estoiles, de Barres,
Et cent autres Meubles bizarres,
Qu'vn Peintre pour estre nourri,
Pesle-mesle en vray Pot pourri.
Puisse la Muse qui vous parle,
Ne trouuer iamais de Roy Charle,
Ni de Roy François au grand nez,
Si vous estes plus Couronnez.
Vous pouuez l'estre sans Poëttes,
Au derriere de vos Brouettes:

Et si Couronnes sont trop peu,
Mettre Thiare sur le ieu.
Vous pouuez bien l'estre en peinture;
Mais non pas dans son Escriture:
Elle prendroit plustost l'essor,
Pour aller chanter le Mogor.
Et pour moy ie veux qu'on la berne,
Si l'estrange Nom d'Oxersterne,
(Nom qui n'est guere doux en Vers,)
N'est plustost mis dans ses Concerts.
Voulez vous luy donner Finance?
Pouuez vous faire vne Ordonnance?
O quel desplaisir est le sien!
Vous ne voulez, ni pouuez rien.
En vain ses miserables Drilles,
Vous demanderoient des Roupilles:
Car apres leur dernier hoquet,
Ils mourroient sur vn Tourniquet.
Toy seul, (Gloire des Hommes riches,
Qui souuent ne sont que trop chiches)
Toy seul, rare Surintendant,
Peux empescher cét accident.
A toy seul la Muse Guerriere,
Adresse Vœux, Vers, & Priere:
Non pas d'vn stile d'Hospital,
Pour toucher vn cœur de Metal;

Non pas en demandant l'aumofne;
Car Iupiter dedans fon Throfne,
En fronceroit bien le fourci,
Si fa fille parloit ainfi.
Mais d'vne voix ferme & hardie,
Elle dit, & veut que ie die,
Que le Grand Armand *autresfois,*
Prenoit plaifir à cette voix.
Depuis, fa gloire eSt augmentée:
Vois à quel point on l'a portée:
Le Roy (grace à tes Deuanciers)
La nomme entre fes Creanciers.
Ofte luy cét honneur infigne;
Elle s'en reconnoift indigne;
Vn fi grand efclat l'esbloüit,
Bien plus qu'il ne la refioüit.
Souffre donc qu'elle le refufe;
Et que cette modefte Mufe,
Obtienne auiourd'huy pour tout bien,
Que le Roy ne luy doiue rien.
Que fi fa priere te touche,
Elle a fa Trompette à la bouche,
Dont le fon efclatant, eft net,
A l'égal du fameux Cornet,
De la Demoifelle emplumée,
Que l'on apelle Renommée.

Par elle ton Nom glorieux,
S'esleuera iusques aux Cieux :
Et cette causeuse à cent langues,
Qui fait à la fois cent Harangues;
Chantera ce Nom dans ses Vers,
Par tous les coings de l'Vniuers.
Ce Nom cheri des Destinées,
Viura pour le moins mille années :
Il vaincra le Temps, & son Croc;
Il ne craindra ni Roy, ni Roc;
Et ta vertu qui n'est pas nuë,
Sera moins riche que connuë.
Cette Vertu qui la rauit;
Ce grand & merueilleux Esprit;
Cette Ame ferme, infatigable;
Qui soustient tout; que rien n'accable;
Qui du trauail, fait son repos;
Qui débroüilleroit le Cahos.
Cette Ame noble, grande, & belle,
Verra des Portraits dignes d'elle:
Et chaque fois qu'il luy plaira,
Toute la Terre les verra.
A ces beaux mots, belles paroles;
Mais qui ne valent pas Pistolles:
Cependant Lettre de Cachet,
Remet mon affaire au crochet :

Et malgré la Surintendance,
Tel n'est pas Baladin qui dance,
Quoy que peu de taille à dancer;
Enfin c'est à recommencer.
Mais Destin allez vous en paistre;
Vn qui fait peter le Salpestre;
Vn, dis-ie, de qui le Grand Nom,
Fait plus de bruit que son Canon;
Vn grand cœur que la Terre admire,
Vn Neueu d'Armand, pour tout dire,
A trouué les Coffres du Roy,
Vuides comme ceux de chez moy:
Mais il n'importe, sa prudence
Nous ramenera l'Abondance.
Muse reprens ton haeret,
Ne tiens plus ton plaisir secret:
Aux armes Drilles qu'on regarde;
Maigre Tambour, battez la Garde;
çà, ma Pique, mon Haussecou,
Moy qui ne cherchois qu'vn licou;
Reprenez tous vos mines fieres;
Mousquets, Fourchettes, Bandolieres;
Piques, Corcelets, Morions;
Et paroissez braues Pions.
Ce Grand Heros aime la gloire;
Son Canon n'est pas d'Ecritoire.

Et ie lis dans vn Ciel plus doux,
Qu'il aura quelque soin de nous.

RAILLERIE

Sur vn Tableau.

Ous me traitez en Alemand,
De me mander si hardiment,
Que ce Tableau vaut cent Pistolles;
Vous n'en aurez pas cent Oboles.
Croyez moy pecore en cét Art,
Si iamais le bon Leonard
A fait (quoy que Lumont en grogne)
Cette Nimphe à la vieille trogne.
Ie vous en dis encor autant,
De ce pauure Enfant impotent,
Court & camus comme vne Carpe;
Il auroit besoin d'vne Escharpe,
Pour soustenir ce bras enflé;
Et ie deurois estre siflé,
Tres sçauant Peintre à Lanternes,
Si ie croyois ces baliuernes.

Grand

Grand Rimailleur nommé Lumont,
Ne me faites plus cét affront,
De me placer au rang des Gruës,
En me contant coquescigruës:
Ces contes à dormir debout,
Ne peuuent pas passer par tout.
Vous allez haut comme fusées,
Mais ie connois billeuesées;
I'entens fort bien vostre patois,
Et suis du païs des Matois.
Tenez pour infaillible regle,
Que quiconque a le nez d'vne Aigle,
En peut encore auoir les yeux,
Voir aussi clair, & mesme mieux.
Ie serois, croyant ces sornettes,
Digne de porter des sonnettes,
Et d'auoir mon crane couuert,
D'vn Coqueluchon iaune & vert.
Mais repliez vos hapelourdes;
Allez ailleurs conter ces bourdes;
Pour moy ie n'en crois pas vn mot,
Et ie suis bien gueri du sot.
Petit Mat, grand faiseur de rime,
Ie vous feray perdre l'escrime:
Si i'ay mon bonnet de trauers,
Ie vous accableray de Vers.

Ie sens que Pegase m'emporte,
Et qu'il a la bouche vn peu forte.
Adieu donc, ô fameux Rimeur,
Vostre Muse est elle en humeur ?
Voicy le champ, faites qu'elle entre ;
Ie l'estrilleray dos & ventre :
Et si ie suy mon auertin,
Ie rimeray soir & matin.

EPIGRAMME

Sur vn Tableau où deux Apoſtres
ſont Martyriſez.

Bourreau, ta cruauté,
Ne ſçauroit eſtre aſſouuie!
Les Saints en perdant la vie,
Gagnent l'Immortalité.

Ces Apoſtres glorieux,
Par la mort que tu leur donnes,
S'en vont prendre les Couronnes,
Qui les attendent aux Cieux.

Leurs Palmes ſont preparées,
Sur les Voûtes azurées,
Par ces tourmens inhumains:

Et l'Enfer rempli de geſnes,
Prepare deſia des chaines,
Pour tes criminelles mains.

EPIGRAMME
Sur vn Buste du feu Roy, placé sur vne Arcade.

DE quel Arc de Triomphe, & de quel grãd Ouurage,
N'est digne ce Vainqueur, si plein de Maiesté ?
Le Iaspe & le Porphire, orneroient son Image,
Et quoy que Rome ait fait, i'aurois fait dauantage,
Si i'eusse eu le pouuoir, comme la volonté.

EPIGRAMME
Pour Mᵉ la Princesse la Doüairiere, sur le mort de Mʳ son Mari.

O Qu'elle est triste ! ô qu'elle est belle !
L'illustre & Grande Olimpe, en la douleur mortelle,
Qui sur son beau visage, a noyé tant de fleurs !
Quelle Vrne precieuse, est digne de ses larmes ?
  Si l'Aurore en versant des pleurs,
  A moins d'esclat, & moins de charmes.

EPIGRAMME
sur le mesme suiet.

Tout ce grand Palais est sombre;
Il disparoist parmi l'ombre,
De ce lugubre appareil:
Mais dans ce funeste ombrage,
Olimpe est comme vn Soleil,
Qui brille dans vn nuage.

EPIGRAMME
sur le mesme suiet.

Vous qui d'vn Grand Heros, cōtēplez en ces lieux,
Et la Pompe funebre, & la sombre demeure;
Iugez s'il est au rang des Dieux,
Puis qu'Olimpe mesme le pleure?

EPIGRAMME
sur le mesme suiet.

Imitez Arthemise, en sa fidelité;
Rendez de vostre Espoux, la memoire immortelle;
Par vn grand Monument, superbe en sa beauté,
    Dont ie traceray le Modelle :
Mais ne l'imitez pas, en perdant la clarté,
Et soyez plus constante, estant desia plus belle.

EPIGRAMME
sur le mesme suiet.

Aujourd'huy que le Sort vostre Espoux a raui,
Separez vos Destins, de sa triste auanture :
Dans l'exil, dans les fers, vostre amour l'a suiui ;
Mais ne le suiuez pas dedans la Sepulture.

EPIGRAMME
Pour Mr le Prince, sur la prise de Dunquerque.

Es Tirans de la Mer, l'Azile est abatu,
Et Neptune captif, recouure sa franchise :
Vne rare valeur, vne haute vertu,
  Voit ses fers, & les brise.
L'Effroy de nos Vaisseaux, ces Pirattes affreux,
Qui couuroient l'Ocean, de leurs superbes Voiles :
A peine ont pû trouuer des rochers assez creux,
Pour bien cacher leur honte, & leur peur aux Estoiles.

Ce Port qu'on redoutoit, à l'égal d'vn Escueil,
Aux pieds de ce Heros, voit abaisser l'orgueil,
De cette Nation si fiere & si terrible,
  Qu'on la creut inflexible :
Bref, l'Espagne croit voir, pleine de repentir,
D'Alexandre le Grand, la fortune inuincible,
  Triompher deuant Tir.

EPIGRAMME
Pour son Alteſſe.

Euple noir & vain comme vne ombre,
Le Grand LOVIS vous cede en nombre,
Et ſon cœur n'en eſt point ialoux :
Mais pour combien le contez vous ?

EPIGRAMME
Pour le Grand Cardinal de Richelieu.

Illuſtres Appuis des Prouinces,
Grands Miniſtres des plus Grãds Princes ;
Pour auoir vn renom qu'on ne puiſſe effacer,
Lors que de Richelieu, vous aurez veû l'Hiſtoire,
Souhaitez ſeulement d'approcher de ſa gloire,
Car on ne la ſçauroit paſſer.

EPIGRAMME

Pour vne belle Dame qui apprend la Sphere.

L'Obiet qui me fait la guerre,
Est tousiours parmi les Cieux:
Et son cœur imperieux,
Ne croit plus rien sur la Terre,
Qui soit digne de ses yeux.

EPIGRAMME

sur le mesme suiet.

Prodige sans pareil,
Dont ie ne me sçaurois taire!
Nous voyons plus d'vn Soleil,
Quand Olimpe tient sa Sphere.

EPIGRAMME

sur le mesme suiet.

Vperbe & fiere Beauté,
Dont ie sens la cruauté,
Songez à ce que vous faites :
Et des Signes du Ciel qui vous sont tous connus,
Suiuez l'Astre de Venus,
La plus belle des Planettes.

EPIGRAMME

sur le mesme suiet.

Rien ne peut changer ma fortune ;
Et la douleur qui m'importune,
Sera tousiours telle qu'elle est :
Puis que la belle main que mon ame reuere,
Tourne les Cercles de la Sphere,
Et fait des Cieux ce qu'il luy plaist.

EPIGRAMME
sur le mesme suiet.

C'Est trop peu que l'Astrologie,
Pour faire ainsi regner vos beaux yeux nos vainqueurs:
Ie vous soubçonne de Magie,
Vous voyant charmer tous les cœurs.

EPIGRAMME
sur le mesme suiet.

Vous pouuez plus que vos Planettes,
Et que tous les Signes des Cieux:
Ouy, les Estoiles les plus nettes,
Sont obscures deuant vos yeux.
Que vos Astrologues rafinent,
En faueur de leur Art, qu'ils ont si haut monté:
Ce n'est qu'apres vous qu'ils cheminent;
Car les Astres au plus inclinent,
Et vous forcez la volonté.

EPIGRAMME

sur vn Dauphin petrifié.

Ce rare & merueilleux Poisson,
Dont nos yeux sont charmez, & nostre ame estonnée;
Fut traitté de cette façon,
Par l'illustre Riual, du malheureux Phinée.

Il nageoit à l'entour des bords,
Où par de genereux efforts,
Ce Fils de Iupiter sauua son Andromede :

Il vit le Chef hideux, dont ce Guerrier s'arma;
Et par vn malheur sans remede,
Sa Meduse le transforma.

EPIGRAMME

sur la Mort du genereux Tancrede.

Limpe, le pourray-ie dire,
Sans exciter vostre courroux?
Ce Grand cœur que la France admire,
Semble deposer contre vous.

L'inuincible Rohan, plus craint que le Tonnerre,
Vit finir ses iours à la guerre,
Et Tancrede a le mesme sort:

Cette conformité qui le couure de gloire,
Force presque chacun à croire,
Que la belle Olimpe auoit tort:
Et que ce ieune Mars, si digne de memoire,
Eut la naissance illustre, aussi bien que la Mort.

EPIGRAMME

sur vn Buste de Neron, fait de Porphire.

Par la Pierre la plus dure,
Neron est representé :
L'Art imite la Nature,
Employant sa dureté.

Adroit Sculpteur que i'admire,
Si tu le fis de Porphire,
Pour exprimer sa rigueur ;

Prens le fameux Laurier que ma Muse t'apreste ;
Le Porphire conuient à ce Monstre en fureur ;

Il en doit auoir la teste,
Puis qu'il en auoit le cœur.

EPIGRAMME
sur vn Tableau de l'Enfant prodigue.

Qu'il eut vn noble deffaut !
Quiconque en est attaint, a le courage haut ;
L'Or qui vient de la Terre, est pour luy de la fange.

Comme il n'est point auare, il le trouue importun ;
 O Vice digne de loüange,
Ie ne m'estonne pas, si tu parois estrange,
 Puis qu'on te voit si peu commun.

EPIGRAMME
A Mlle du Val, dont l'Imprimeur a oublié de mettre le nom à l'Epistre à Doris.

D'Esperer de vous voir, il ne m'est pas possible ;
Et le Sort m'a soumis à cette dure loy :
Comme la Nimphe Echo, vous estes inuisible ;
Comme elle a tout le moins, Doris, respondez moy.

EPIGRAMME

A M˙˙lle de Pascal, representant Cassandre dans vne Tragedie de l'Autheur.

Aimable & ieune Cassandre,
Vne autre de mesme Nom,
Voulant tromper Apollon,
Vit mettre sa Ville en cendre :

Mais vous sans vouloir quitter
Ce Dieu qui nous fait chanter,
Et qui vous rend sans seconde :

Par tant d'Ouurages diuers,
Vous enflamez tout le Monde,
Et du feu de vos yeux, & du feu de vos Vers.

EPIGRAMME
Contre vne Infidelle.

TErre qui par ton propre poids,
Crois que ta fermeté ne peut eſtre esbranlée;
Conſidere auiourd'huy, ma perte ſignalée,
    Et preſte l'oreille à ma voix.

    Iris m'aimoit plus que ſon cœur;
    I'en eſtois l'vnique vainqueur;
Aucun de mes Riuaux n'oſoit aprocher d'elle:
Ie croyois ma fortune à l'abri du danger;
    Cependant elle eſt infidelle;
    O Terre, moins conſtante qu'elle,
    Elle a changé; tout peut changer.

EPIGRAMME
Sur vn Rendez vous.

Nos Ennemis seront confus,
Si vous osez tenter vne belle auanture :
L'Amour aussi bien que Mercure,
Pourroit tromper les yeux d'Argus.

Rendez vous donc sur ce riuage,
Qui me sera plus doux, qu'il ne paroit sauuage ;
Mais pour me rendre heureux vn iour,
Venez y seule auec Amour.

EPIGRAMME
sur l'Epitaphe qu'vn Iuge cruel fit d'vn Partisan.

Qv'Esope ait fait parler les Bestes & les Hommes,
Ie le croy maintenant, sans m'estonner beaucoup :
Puis qu'vn Tigre au Siecle où nous sommes,
A fait l'Epitaphe d'vn Loup.

EPIGRAMME
A vn Imprimeur.

J'Ay sçeu qu'vn illustre Bouffon,
Vient de s'escrimer de la foudre;
Et d'escraser Messer Tiphon,
Comme vn Crapaut parmi la poudre.

Quinet, fais moy voir ce Tableau;
Ce beau Caprice du Pinceau;
Cette Chimere qu'on admire :

C'est pour nous ces traits delicats;
Que le Peuple en creue de rire,
Il rit comme rit ton Satire,
D'vne chose qu'il n'entend pas.

EPIGRAMME
sur la Beauté d'vne Dame.

Rgueilleuses Beautez, ne vous attendez pas,
Que ie parle de vos appas,
Car vous n'en auez point, auprés de ma Siluie :

Ie quitte vos faueurs ; ses mépris valent mieux ;
Pour ne mourir de honte, & viure sans enuie,
Masquez vous, & fermez les yeux.

EPIGRAMME
sur vn Bouquet.

Se t'on croire que ces Fleurs,
Ne soient point des Fleurs inutiles ?
Faut il les arroser de pleurs,
Pour les rendre fertiles ?
Et si l'on veut vous adorer,
Leur vert permet il d'esperer ?

Pourquoy douter s'il est permis,
Apres vos paroles diuines ?

Il suffit que l'on m'a promis,
La Rose sans Espines.

EPIGRAMME

Pour vne excellente Beauté que l'on n'ose aimer.

IL n'est point de Mortel, qui ne rangeast son cœur,
  Sous les loix d'vn si beau Vainqueur;
Mais ce diuin Obiet, ne voudroit iamais prendre,
Que celuy de Cezar, ou celuy d'Alexandre.

EPIGRAMME

A vne Dame qui demandoit la Mithologie, & dont le Page ne pouuoit nommer ce Liure.

EVterpe soit mon Ennemie,
Si ie connois Mitonomie :
Et puissay-ie irriter Gomes,
Si i'ay plus Natalis Comes.

C'est vn Autheur que ie méprise ;
Ie le croy plein d'absurditez ;
Puis que l'excellente Marquise,
N'est point dans ses Diuinitez.

RONDEAV
En vieux François.

Long temps y a, ma gente Colombelle,
Que suis feru de la flame gemelle
De tes beaux yeux, sans espoir de soulas,
Et i'ay poussé maints cris, & maints helas,
Non escoutez de toy, Nimphe rebelle.

Sois pour ton Serf ou plus douce, ou moins belle,
Et ne rends point ta rigueur perennelle,
Car ce mien cœur n'en est ia que trop las
        Long temps y a.

Pourquoy veux tu, ma farouche Isabelle,
Enfin m'occire ? & par ta course Isnelle,
Toy dérober de moy, qui suy tes pas ?
Ie quiers vn bien qui ne t'apauurit pas;
Et tu voudrois l'auoir perdu, cruelle,
        Long temps y a.

RONDEAU.

Un peu plus bas que le Mont de Surene,
Une Bergere escoutoit son Philene,
Qui loing du monde, & du bruit de la Cour,
Alloit disant aux Rochers d'alentour,
Que sa Maistresse estoit une inhumaine.

Elle à ces mots, de la riue prochaine,
Pour l'arrester, court à perte d'haleine,
Veut qu'il se taise, ou qu'il parle en ce iour
   Un peu plus bas.

Sois dans mon cœur, luy cria Dalimene;
Non non, dit il, ie n'ay point l'ame vaine,
Pour un tel bien ie deurois du retour:
Il me suffit qu'on souffre mon amour,
Et qu'on me place en me tirant de peine,
   Un peu plus bas.

FIN.

www.ingramcontent.com/pod-product-compliance
Lightning Source LLC
Chambersburg PA
CBHW072012150426
43194CB00008B/1079